PHILOSOPHISCHE MONOGRAPHIEN

F.W.J. Schelling

PHILOSOPHISCHE MONOGRAPHIEN

Friedrich W. J. Schelling

Leben, Werk und Selbstzeugnisse

Jochen Kirchhoff

edition *dionysos*

Bibliografische Information der Deutschen Nationalbibliothek:
Die Deutsche Nationalbibliothek verzeichnet diese Publikation in der
Deutschen Nationalbibliografie; detaillierte bibliografische Daten sind im
Internet über http://dnb.dnb.de abrufbar.

© 2024 **edition** *dionysos*
Neuausgabe

Autor:	Jochen Kirchhoff
Layout & Satz:	Wolfram Bahmann, Uli Fischer
Verlag:	BoD · Books on Demand GmbH
	In de Tarpen 42, 22848 Norderstedt
Druck:	Libri Plureos GmbH
	Friedensallee 273, 22763 Hamburg
ISBN:	978-3-7597-7730-0

Inhalt

Zur Bestimmung der Aufgabe:

Schelling und die Krise der Philosophie

Mit der Philosophie, so scheint es, steht es nicht zum besten. In dem letzten großen Werk Schellings, der *Philosophie der Offenbarung*, heißt es in der Einleitung: ... *Stoff genug zu melancholischen Betrachtungen über die Philosophie gibt nun schon ein Blick in ihre bisherige Geschichte, und liegt schon in dem Umstande, daß bis jetzt noch keine Art zu philosophieren, oder wie man sonst sagt, keines der verschiedenen philosophischen Systeme sich in die Länge behaupten konnte. Ich sage, es ist die Pflicht des Lehrers, auch diese Seite der Philosophie hervorzukehren, die vielmehr abschreckt als anzieht.*[1] Einige Jahrzehnte vorher hatte Kant geschrieben, im Lande der Metaphysik sei «in der Tat noch kein sicheres Maß und Gewicht vorhanden ... um Gründlichkeit von seichtem Geschwätze zu unterscheiden»[2]. Die Bemerkung bezieht sich auf die dogmatische Metaphysik der Vorgänger Kants.

Klagen dieser Art sind in der Geschichte der Philosophie häufig zu vernehmen, insbesondere seit den vierziger Jahren des 19. Jahrhunderts, also seit dem sich abzeichnenden Siegeszug der «exakten Naturwissenschaften». Viele fühlten sich bemüßigt, die Philosophie gleichsam zu Grabe zu tragen, das Ende des philosophischen Denkens überhaupt zu konstatieren, ähnlich wie dies Nietzsche mit seiner Formel «Gott ist tot» im Hinblick auf die christlich-moralische Gottesvorstellung tat. – Die Schellingsche Spätphilosophie, die als Konsequenz und Überwindung des Rationalismus ausgegeben wurde, hat diesen Zerfallsprozess nicht aufzuhalten vermocht. Eher trifft das Gegenteil zu: Ihr hoher Schwierigkeitsgrad im Gedanklichen und Sprachlichen sowie die hier zum Ausdruck kommende Ausrichtung auf die Religion haben ihre lebendige Wirksamkeit verhindert, ja ungewollt das seit Kant vorherrschende Misstrauen gegen jedwede Form von Metaphysik verstärkt. Metaphysik, als Wissenschaft von «Dingen» jenseits der Erfahrung (worunter im Sinne Kants stets sinnliche Erfahrung gemeint war), geriet zunehmend in die Region des Dubiosen, ja Anrüchigen. So gehört heute weder Originalität noch Mut dazu, sich materialistisch oder positivistisch zu geben, weil der «Zeitgeist» dies allenthalben begünstigt. Dagegen steht jeder philosophische Versuch, Welt-und Seinsfragen metaphysisch zu lösen, unter dem Zwang der Rechtfertigung, als sei man im Begriff, etwas intellektuell Fragwürdiges zu tun. Die herrschende Bewertung der Metaphysik als Anachronismus bedeutet keinen Verzicht auf Philosophie schlechthin, vielmehr erfährt diese eine bemerkenswerte Einengung und Verarmung. Das trifft für Philosophie als Sozialwissenschaft genauso zu wie für die im Zusammenhang mit der modernen Physik entwickelten dogmatischen Verallgemeinerungen wissenschaftlicher Teilergebnisse. Dies wird durch vielfältige Popularisierungen noch verstärkt; man denke an die Fiktionen und Hypothesen von Relativitätstheorie und Quantenmechanik.

Vor allen anderen Wissenschaften hat die mathematische Physik seit Galilei der Philosophie Zug um Zug die einstige Domäne streitig gemacht: den Kosmos, das Weltall, das Erkenntnisbemühen um die Grundgesetze der Welt als Ganzes. Am Ende dieser Entwicklung steht die Vorstellung von der Erde als einer Oase inmitten einer lebensfeindlichen kosmischen Wüste.

Die Krise der Philosophie ist nur als Symptom einer globalen Kulturkrise zu begreifen, die durch das von Nietzsche in die höhere Philosophie eingebrachte Wort «Nihilismus» vielleicht am sinnvollsten gekennzeichnet wird. Im Nachlass von 1887 heißt es: «Nihilismus: Es fehlt das Ziel; es fehlt die Antwort auf das

‹Warum›? was bedeutet Nihilismus? – dass die obersten Werte sich entwerten.»[3] «Sein Maximum von relativer Kraft erreicht er als gewalttätige Kraft der Zerstörung: als aktiver Nihilismus ... Der Nihilismus stellt einen pathologischen Zwischenzustand dar (pathologisch ist die ungeheure Verallgemeinerung auf gar keinen Sinn).»[4] Was Nietzsche hier als «aktiven Nihilismus» mit zerstörerischen Tendenzen bezeichnet, kann unschwer auf beachtliche Teilbereiche der modernen Physik und Biochemie übertragen werden. Und der von dem Biochemiker Erwin Chargaff angeprangerte «Kolonialkrieg» der Naturwissenschaftler gegen die Natur und die Grundlagen alles Lebendigen ist als Merkmal eines nihilistischen Grundstrebens (wenn auch häufig unbewusster Art) zu werten. Einem mechanistisch oder mathematisch strukturierten Kosmos essentieller Sinnlosigkeit und weitgehender Leblosigkeit – dies die herrschende Auffassung der Physiker – steht die zunehmende Zerstörung oder Bedrohung des Lebens auf diesem Planeten gegenüber. Wirklichkeitsverlust, so könnte man es formelhaft sagen, führt langfristig zur Wirklichkeitszerstörung. Man mag diesen Zusammenhang bestreiten, doch lässt sich kaum ernsthaft leugnen, dass die Überlebenschancen der Menschheit von einem radikalen Umdenkungsprozess, einer echten «Kulturrevolution» abhängen, in deren Mittelpunkt ein neues Natur-und Kosmosbewusstsein steht. – Die Reduzierung philosophischer Bemühung auf die soziale Frage im Rahmen eines historisch-materialistischen Grundansatzes ist keineswegs eine Gegenkraft zum Nihilismus, in d i e - s e r Form eher ein Symptom desselben. Auch die «akademische Philosophie» kann nicht als eine produktive Gegenkraft angesehen werden; und man muss wahrlich nicht die bissige Kritik Schopenhauers an der Universitätsphilosophie als Ganzes billigen, um die Berechtigung der nachstehenden Aussagen Carl Friedrich von Weizsäckers aus dem Jahre 1969 einzusehen: «Die Philosophie als Hochschuldisziplin ist heute keine Macht; im kontinentalen Europa bewahrt sie vorwiegend nach der Art solider Philologien einen geschichtlichen Wissensschatz. Dieses Wissen verwandelt sich selten in aktives Bewusstsein, vor allem wohl, weil die Aufgabe der Philosophie so schwer ist ... Die gegenwärtige Szene ist verworren. Der Existentialismus ist verklungen. Das Bild eigenen Weiterfragens wird beherrscht von einer Philosophie der Wissenschaft, die selbst Wissenschaft sein möchte, und einer Philosophie der Gesellschaft, die sich als gesellschaftliche Praxis darzulegen wünscht. Beides ist wichtig. Wichtiger scheint mir noch das stets erneute Erwachen eines Bewusstseins für das Niveau, auf dem eigentliche Philosophie erst beginnt.»[5]

Weizsäcker selbst fasst Philosophie im sokratischen Sinne als «Weiterfragen» auf, womit eine Fähigkeit umschrieben ist, die er an Heidegger bewundert. Zu den methodischen Grundsätzen der Wissenschaft gehört es nach Weizsäcker, «gewisse fundamentale Fragen» nicht zu stellen; die Physik fragt nicht wirklich, was Materie ist; Ähnliches gilt für die Biologie hinsichtlich des Lebens.[6] Über Weizsäcker hinausgehend wäre zu sagen, dass der theoretische Physiker die kosmische Gültigkeit der von ihm als mathematische Hypothesen formulierten Naturgesetze nicht in Frage stellen darf, weil auf dieser Annahme seit Galilei und Kepler die Möglichkeit einer Wissenschaft der Natur überhaupt beruht. Und der Philosoph Weizsäcker versagt sich hier in gewisser Weise das Weiterfragen, weil er als theoretischer Physiker davon überzeugt ist, dass die neuzeitliche Physik prinzipiell vollendbar sei und in einer einfachen Theorie ihren Abschluss finden müsse. Dieser Gedanke geht auf Kant zurück.

An anderer Stelle betont Weizsäcker, dass das methodische Verfahren der Wissenschaft, «wenn es sich über seine eigene Fragwürdigkeit nicht mehr klar ist, etwas Mörderisches an sich hat»[7]. Dieses «Mörderische» spiegelt sich nirgends deutlicher wider als in der modernen Physik und Biochemie. Mit Recht spricht der Technikhistoriker Lewis Mumford im Zusammenhang mit der Entstehung des modernen Wissenschaftsbegriffs (der mathematisch-experimentellen Abstraktion) vom «Verbrechen Galileis». – Was die «Aufgabe» der Philosophie sei, darüber wird man in unseren Tagen kaum einen allgemeinen Konsensus erreichen können. Allein das ist ein Zeichen für faktischen Nihilismus und Orientierungslosigkeit, für jenes geistige Vakuum, das die Kirchen sowie Sektierer aller Spielart auszunutzen suchen. – Philosophie im ursprünglichen Wortsinn als «Liebe zur Weisheit», und das hängt mit der Entstehung dieses Begriffs zusammen, ist an eine Voraussetzung geknüpft, die Schelling einmal wie folgt umschreibt: *Verlangt der Mensch eine Erkenntnis, die W e i s h e i t ist, so muss er voraussetzen, dass auch im Gegenstand dieser Erkenntnis Weisheit sei. Es ist ein Axiom, das sich schon aus den ältesten Zeiten der griechischen Philosophie herschreibt: ‹wie das Erkannte, so das Erkennende›, und umgekehrt. Das schlechthin Erkenntnislose könnte auch durchaus nicht erkannt werden, d. h. Gegenstand der Erkenntnis sein. Alles was Gegenstand der Erkenntnis ist, ist dies nur soweit, als es selbst die Form und das Gepräge des Erkennenden schon an sich trägt, wie jedem einleuchten muss, der auch nur die Kantsche Theorie der Erkenntnis etwas geistreicher als gewöhnlich aufzufassen versteht. So auch die Weisheit. Es gibt keine Weisheit für den Menschen, wenn im objektiven Gang der Dinge keine ist. Die erste*

V o r a u s s e t z u n g der Philosophie als Streben nach Weisheit ist also, dass in dem Gegenstand, d. h. dass in dem Sein, in der Welt selbst Weisheit sei. Ich verlange Weisheit, heißt: ich verlange ein mit Weisheit, Voraussicht, Freiheit gesetztes Sein.[8] Philosophie wird unmöglich, wenn im objektiven Gang der Dinge keine göttliche Weisheit anzutreffen ist. Diese Grundprämisse wird vom Skeptizismus in Zweifel gezogen; Anhaltspunkte genug bietet ja die Welt, an einem ihr zugrundeliegenden göttlichen Weisheitsprinzip zu zweifeln. Und die Philosophen hatten es nicht leicht, die allzu augenfällige Präsenz des Bösen, des Leides, des Chaos in der Welt im Sinne einer «Theodizee» (Rechtfertigung Gottes) verständlich zu machen.

Der erste Philosoph in neuerer Zeit, welcher die von Schelling herausgestellte Voraussetzung radikal bestreitet, ist Schopenhauer. Er setzt alle bislang dargebotenen Spielarten der neuplatonischen Gleichsetzung von Wahrheit, Güte und Schönheit außer Kraft und interpretiert das Wesen oder Innerste der Welt als bloßen Willen, als blinden Drang zum Leben. Diesen gelte es zu verneinen; das Nichtsein der Welt sei ihrem Sein entschieden vorzuziehen. Man kann dies mit Nietzsche als einen nihilistischen Ansatz interpretieren. Doch bestreitet Schopenhauer keineswegs den Sinn des Daseins, vielmehr wird die Verneinung des Lebenswillens, im Sinne einer buddhistisch verstandenen Erlösung, als Ziel und Zweck der Existenz herausgestellt. Die Realität und furchtbare Kraft des Chaos sowie den tragischen Grundcharakter des Seins bezieht Schelling erst in seiner Freiheitsschrift von 1809 in die philosophische Betrachtung ein, ohne allerdings die Überzeugung von einer gottgefügten kosmischen Ordnung prinzipiell aufzugeben. Dies unterscheidet ihn von Schopenhauer, dessen Lehre er gleichwohl beeinflusst hat.

Die Geistesgeschichte der Menschheit belegt ein «metaphysisches Bedürfnis» (Schopenhauer), ein tiefwurzelndes Ahnen von der Unzulänglichkeit und Relativität der Sinnenwelt. Die bekannten Formen der Pervertierung und Ausbeutung dieses Grundbedürfnisses durch die Priester aller Religionen und die Herrschenden religiös gebundener Gesellschaften sind häufig beschrieben worden; sie beweisen nichts gegen die Sache selbst, also gegen das Verlangen des Menschen nach metaphysischer Grundlegung seiner Existenz. Doch dürfte dieser Hinweis gerade für den «modernen Menschen» von Bedeutung sein, dessen Bewusstsein von dem Erkenntnisanspruch der mathematischen Naturwissenschaft geprägt ist, von der Idee der mathematischen Prinzipien der wissenschaftlichen Vernunft. Zwar hat das Christentum seine bewusstseinsprägende Kraft auch heute noch keineswegs völlig eingebüßt, doch wird religiöse Betätigung oder Einstellung als «Privatsache» gewertet, die keinen Einfluss haben dürfe auf den Fortgang der wissenschaftlichen Forschung. Der seit dem 17. Jahrhundert dominierende methodische Atheismus der Naturwissenschaften ist von dem prinzipiellen Atheismus nur durch eine dünne Wand getrennt. – Die Voraussetzung, dass auch im objektiven Gang der Dinge so etwas wie Weisheit anzutreffen sein müsse, wird von vielen heute zurückgewiesen, als «überholt» abgetan. Und die meinungsbildenden Kräfte in Wissenschaft und Philosophie scheinen eher bemüht, den absurden Charakter des Universums hervorzuheben bzw. diesen als wissenschaftliche Erkenntnis auszugeben. «Der Kosmos ist wie ein Spiegel», lautet eine altpersische Weisheit, die – einmal ernst genommen – zu naheliegenden und bemerkenswerten Schlussfolgerungen führt. Der dogmatische Anspruch des Christentums und seine jahrhundertelange Gleich-

setzung mit Religion schlechthin hat es der werdenden mathematischen Naturwissenschaft im 17. Jahrhundert leicht gemacht, einen ähnlichen Absolutheitsanspruch aufzubauen. Und
allzu viele glaubten, in dem Religions- und Metaphysik-Ersatz
«Wissenschaft» eine neue Möglichkeit gefunden zu haben, sich
den Grundgesetzen des Seins anzunähern und diese gleichsam
dingfest zu machen. Dies hat sich erst im 20. Jahrhundert, wenn
auch nur graduell, geändert; das Grauen von Hiroshima und die
nuklearen Vernichtungswaffen haben das Ansehen der Naturwissenschaft nur geringfügig geschmälert. Es lässt sich feststellen, dass ausnahmslos alle bekannten Wertsysteme und Denk-
richtungen sich als unfähig erwiesen haben, die existentielle
Krise des modernen Menschen zu bewältigen (Aurelio Peccei,
Präsident des «Club of Rome»).

Wer heute als Philosoph auftritt oder auch nur Philosophiegeschichte betreibt, muss dies in sein Bewusstsein ziehen. Andernfalls verbleiben seine Aussagen im engen Zirkel akademischer Gelehrsamkeit. Seit die rationalistische Philosophie und
ihr ständiger Wegbegleiter, die mathematische Naturwissenschaft, den gesamten Bereich des Spirituellen aus ihrer Betrachtung auszuschließen begannen, also seit dem frühen 17. Jahrhundert, wurde alles Nicht-Rationale mehr oder weniger ge-
zwungen, in den «kulturellen Untergrund» zu gehen, sofern es
nicht der Kirchendoktrin gemäß war. Nur die Kunst, als sinnlich
fassbare Form schöpferischer Geistigkeit, war davon weitgehend ausgenommen. Das Spirituelle war keineswegs «tot», es
suchte sich andere Erscheinungsformen, andere Kanäle: so in
den von Kirche, Wissenschaft und Philosophie gemeinsam bekämpften Geheimgesellschaften (Freimaurer, Rosenkreuzer)
und zahlreichen Sekten. Die Sphäre des Spirituellen, noch in der

15

Philosophie der Renaissance ein lebendiger des Denkens, fiel zunehmend der Geringschätzung und Verächtlichmachung von «offizieller Seite» anheim. Dies wurde verstärkt durch die sich im «Untergrund» vollziehende Verzerrung und Entartung spiritueller Strebungen. Man kann dies am klarsten in der Entwicklung des Denkens über die Zahl erkennen: Die in der Renaissance-Philosophie wiederbelebte pythagoreische Lehre von den Zahlen als Symbolen und Garanten kosmischer Weisheit wurde von Galilei und Leibniz schroff zurückgewiesen. Und die «Mathesis universalis», von der Leibniz in Anknüpfung an Descartes sprach, übernahm zwar den alten Universalitätsanspruch der pythagoreischen Zahlenlehre, bewirkte jedoch faktisch deren totale Umwertung in Richtung auf letztmögliche Abstraktion. Die qualitative Zahlenlehre, aus dem Lichtkegel des philosophischen Denkens verbannt, entartete zum «Zahlenaberglauben». Es fiel nicht schwer, diesen zu diskreditieren angesichts der fulminanten Erfolge der mathematischen Präzision. Man nahm die Entartungsform für die Sache selbst (ein häufig zu beobachtender Vorgang), und eine merkwürdige Fixierung auf die chronologische Zahl blieb als Relikt der qualitativen Zahlenlehre im öffentlichen Bewusstsein. – Diese im 17. Jahrhundert einsetzende Auseinanderentwicklung ist bis heute nicht überwunden worden, ungeachtet zahlreicher Versuche, den Abgrund zu überbrücken, unter denen die Anthroposophie die größte Breitenwirkung verzeichnen konnte.

Der Verlust eines philosophischen Regulativs war überall spürbar, zumal die Vernunftkritik Kants die prinzipielle Unmöglichkeit metaphysischen Wissens bewiesen zu haben glaubte. Und das so offenkundige Scheitern der großen spekulativen Entwürfe im nachkantischen Idealismus galt vielen als Beweis für das Ende der Metaphysik. Deutlicher als jeder andere diagnostizierte Nietzsche die allenthalben spürbaren Symptome nihilistischer Geistigkeit.

Wie lässt sich der Standort der Schellingschen Philosophie in der Geschichte des Denkens und des Nihilismus bestimmen? Zum einen sind die wandlungsreichen und vielfach fragmentarischen Denkbemühungen Schellings ein S y m p t o m der Krise der nachkantischen Epoche. Ein Symptom der Schwierigkeiten und Widersprüche der Metaphysik in einer Zeit, die von politischen Umwälzungen und dem Wahrheitsanspruch der empirischen Wissenschaften bestimmt ist. Zum andern jedoch, und dies bleibt häufig außerhalb der Betrachtung, ist das Schellingsche Denken durchaus nicht nur Krisensymptom und damit im Sinne historischer Relativität «abzuhaken» und einzuordnen: Wie jedem schöpferischen Denkansatz, so kommt auch demjenigen Schellings eine Bedeutung zu, welche die historische Bedingtheit erheblich übersteigt und derart seine fortdauernde Aktualität sichert. Von dieser ist in der akademischen Schelling-Forschung viel die Rede, obwohl die Vielzahl der Veröffentlichungen über Einzelaspekte des Schellingschen Denkens noch keine wirksame «Renaissance» verbürgt. Im Übrigen teilt die Schelling-Forschung das Schicksal aller modernen Wissenschaft: Die Zersplitterung der Fragestellungen und Teilresultate lässt ein Gesamtbild kaum erkennen. Ob die vorliegende Studie diese Lücke zu füllen vermag, sei dahingestellt. Auch macht die vorgegebene Begrenztheit ihres Umfangs die Beschränkung auf einige zentrale Aspekte erforderlich. Dies wiederum wird erschwert durch die eigentümliche Sperrigkeit oder Sprödigkeit weiter Bereiche der Schellingschen Schriften. Anders formuliert: Schelling macht es seinen Lesern nicht immer einfach.

Dies hat viele überhaupt abgeschreckt und die durchaus vorhandenen Möglichkeiten lebendiger Wirksamkeit blockiert. Auch haben sich die einzelnen Schichten und Entwicklungsphasen dieses Denkens merkwürdig verselbständigt, weisen ihre jeweils eigene Wirkungsgeschichte auf. Dies erklärt den Umstand, dass sich so verschiedenartige Geistesströmungen wie Theologie und Psychoanalyse, Existentialismus und Anthroposophie, «Lebensphilosophie» und «Materialismus» (im Sinne Ernst Blochs) mit einigem Recht auf Aussagen Schellings berufen können. Meist geht allerdings dabei der innere Zusammenhang des Schellingschen Denkens verloren.

Schelling ist «aktuell», weil er mit immer neuen Ansätzen bemüht war, in lebendigen Ganzheiten zu denken, auch wenn ihn dies zuweilen auf Pfade führte, die dem heutigen Menschen sonderbar oder gar abstrus anmuten mögen. So ist die Philosophie der Natur selten wirklich ernst genommen worden, was die hier zutage tretenden Prinzipien denkerischer Naturerfassung anlangt. Mit dem sattsam bekannten Hinweis auf die «gesicherten Ergebnisse» der mathematischen Naturwissenschaft glaubten sich viele berechtigt, das Mühen Schellings um eine lebendige Synthese von Natur und Geist, Sein und Bewusstsein abzutun und auf ein «totes Gleis» zu verweisen. Dass dies schon rein historisch nicht aufrechtzuerhalten ist, wird noch an späterer Stelle deutlich werden. «Das Schicksal des sogenannten Deutschen Idealismus entscheidet sich ohne Frage daran, ob es möglich ist, ihn in ein fruchtbares – was auch heißen kann: kritisches – Verhältnis zur empirischen Forschung zu bringen. Falls dies nicht gelingt, wird die nachkantische, idealistische Philosophie in eine Rolle gedrängt werden, die der des Aristotelismus zu Beginn der Neuzeit ähnlich ist» (Christoph Wild).[9]

Zwei Leitgedanken des Schellingschen Philosophierens seien in den Mittelpunkt dieser Studie gestellt, die sich den Polen «Natur» und «Freiheit» zuordnen lassen. Die Führungsrolle der abstrakten Naturwissenschaften in unserer Zeit, die lebensfeindlichen Ergebnisse von Teilen der Physik und Biochemie lassen es sinnvoll und gerechtfertigt erscheinen, die Naturphilosophie Schellings auf die in ihr enthaltenen Alternativansätze zu befragen, die «Anwaltschaft» Schellings für Natur und Leben bewusst zu machen. Die Grundzüge des von Christoph Wild beschriebenen «fruchtbar-kritischen» Verhältnisses zu den Naturwissenschaften sollen im folgenden aufgezeigt werden. Ob dies auch für die Hegelsche Naturphilosophie möglich ist, sei hier ausgeklammert. Dabei geht es in keiner Weise um eine gleichsam gewaltsame Aktualisierung der Naturphilosophie Schellings; vielmehr ist der in ihr enthaltene Grundgedanke in der Tat geeignet, die wissenschaftliche «Jagd nach Splittern» (Chargaff) mit den ihr innewohnenden Zerstörungsmöglichkeiten zu korrigieren, obwohl mit Beifall seitens der betroffenen Wissenschaftler kaum zu rechnen ist. Ähnliches gilt auch für die Freiheitslehre Schellings, die wenig gemein hat mit den herrschenden Auffassungen in Religion und Wissenschaft.   Mit der Etikettierung «idealistisch» ist hier nichts gewonnen, zumal keine der bekannten Wissenschaften einen wirklich fundierten anthropologischen Ansatz besitzt. Was der Mensch ist oder sein könnte, dies weiß man heute weniger denn je zuvor. «Freiheit» gehört zu den Schlüsselbegriffen unserer Zeit, aber nur als ethisches oder religiöses Postulat. Eine philosophische Grundlegung der Freiheit fehlt; diese hat Schelling zu leisten versucht.
Naturphilosophie und Freiheitslehre sind die wohl bedeutendsten denkerischen Leistungen Schellings, die es als Herausforde-

rung zu begreifen gilt. Nicht «Zurück zu Schelling» kann als sinnvolle Devise gelten, und die idealistische Philosophie der nachkantischen Epoche ist als Ganzes kaum ernsthaft wiederzubeleben. Wohl aber vermag eine denkerische Besinnung auf die Grundprinzipien des Schellingschen Philosophierens wichtige Einsichten zu vermitteln, die sich als geeignet erweisen könnten, eine schöpferische Alternative zur nihilistischen Geistigkeit zu bieten, deren Heraufkunft Nietzsche bereits vor einem Jahrhundert registrierte. Philosophie kann wohl nur dann eine produktive Kraft sein, wenn sie jene Dogmen und Tabus zu überwinden sucht, die das heutige Bewusstsein bestimmen. Schöpferische Philosophie ist daher notwendig unbequem.

Lebensweg
und
Werküberblick

Friedrich Wilhelm Joseph von Schelling wird am 27. Januar 1775 in Leonberg (Württemberg) geboren. Sein Vater, der hier seit 1771 als Diakon wirkte und sich auch als theologischer Schriftsteller einen gewissen Namen erworben hatte, wird 1777 Prediger und Professor am Kloster Bebenhausen bei Tübingen, welches als eine Art Vorschule für das Tübinger Stift fungierte. Hier wird Schelling zunächst in der deutschen Schule unterrichtet, wo er bereits als Achtjähriger alte Sprachen lernt. Ostern 1785 kommt er auf die Lateinschule in Nürtingen, und noch vor Vollendung seines zwölften Lebensjahres kehrt er nach Bebenhausen zurück, weil die Bildungsmöglichkeiten der Lateinschule ausgeschöpft sind, und nimmt am Unterricht der erheblich älteren Seminaristen teil, dem er sich gleichwohl gewachsen zeigt. Seine geistige Frühreife erregt Aufsehen, und er findet die Bewunderung der Lehrer, zu denen auch der eigene Vater gehört, der ihn in orientalischen Sprachen unterrichtet.

Dem Gesetz nach war es erst im Alter von achtzehn Jahren möglich, die Universität zu besuchen. Schelling erhält eine Sondererlaubnis und kann im Oktober 1790, drei Monate vor Vollendung seines sechzehnten Lebensjahres, in das Tübinger Stift eintreten. Der akademische Bildungsgang umfasste fünf Jahre, wovon zwei Jahre philosophischen und weitere drei Jahre theologischen Studien zugedacht waren. Die Tübinger Universität war relativ klein und unbedeutend; sie hatte 200 bis 300 Studenten, vornehmlich zukünftige Theologen und Gymnasiallehrer. 1794, nach Auflösung der Karlsschule in Stuttgart, kamen Mediziner und Juristen hinzu. «Im Grunde war die Universität eine jener zahlreichen Landesuniversitäten in Deutschland, deren Aufgabe primär die Ausbildung der notwendigen Kräfte für den Staats-, Kirchen- und Schuldienst des Landes war. Tübingen bedeutete so im geistigen Geschehen der Zeit wenig, und die Universtität sah auch nicht ihren Ehrgeiz darin» (Horst Fuhrmans)[10]. Es gehörte zu den Pflichten der Studenten, im Stift selbst zu wohnen; und seit dem Wintersemester 1790/91 bewohnt Schelling mit zwei anderen Studenten dasselbe Zimmer: Friedrich Hölderlin und Georg Wilhelm Friedrich Hegel, beide jeweils fünf Jahre älter als er. Die hier begründete Freundschaft von Hölderlin, Hegel und Schelling ist häufig in ihrer geistesgeschichtlichen Bedeutung und «Schicksalhaftigkeit» gewürdigt worden. Man kann sich des Eindrucks nicht erwehren, als sei hier eine in ihrer Art einmalige Dreierkonstellation gegeben; zwar war Schelling seines Alters wegen zunächst der Anregungen und Impulse Aufnehmende, doch dürfte er in relativ kurzer Zeit auch seinerseits auf die beiden Älteren eingewirkt haben. Die gemeinsam verbrachte Zeit im Tübinger Stift währte drei Jahre; im September 1793 schlossen Hölderlin und Hegel ihr Studium ab und verließen Tübingen, blieben Schelling aber brieflich verbunden. Insbesondere der Briefwechsel zwischen Hegel und Schelling bis zum Herbst 1795, als Schelling das Tübinger Stift verlässt, gibt wesentliche Aufschlüsse über die Frühphase des Schellingschen Denkens, über die ihn prägenden Geistesströmungen und Persönlichkeiten.

Die Tübinger Universität war ein Bollwerk der Reaktion gegen die anbrandenden Wogen der Revolution im geistigen und politischen Bereich. Kants radikale Entthronung der traditionellen Metaphysik war nur mit Mühe totzuschweigen oder «einzufrieden». Es bildeten sich private Arbeitszirkel unter der Tübinger Studentenschaft, in denen Kant gelesen und diskutiert wurde. Auch Fichtes auf Kant aufbauender «Versuch einer Kritik aller Offenbarung» von 1792 bestärkte den Widerstand der Studenten gegen das als reaktionär empfundene System der herkömmlichen Theologie und Schulmetaphysik. Hinzu kamen die Schriften Rousseaus, der revolutionäre Elan der Schillerschen «Räuber» und die Philosophie Spinozas. 1789 hatte Friedrich Heinrich Jacobi in der zweiten Auflage seiner Schrift «Über die Lehre des Spinoza, in Briefen an Herrn Moses Mendelssohn» den «Spinozismus» als Pantheismus und damit als getarnten Atheismus zu diskreditieren versucht und in diesem Zusammenhang den Renaissance-Philosophen Giordano Bruno als Vorläufer Spinozas herausgestellt. Zur Untermauerung dieser These wurden Auszüge aus Brunos Schrift «Von der Ursache, dem Prinzip und dem Einen» (1584) in paraphrasierender Form beigegeben. Die Schrift Jacobis wurde auch im Tübinger Stift viel diskutiert. Bei Hölderlin, Hegel und Schelling verstärkte sie die sich anbahnende Ablehnung des traditionellen Christentums. Spinoza und Giordano Bruno wurden richtungweisend für die Schellingsche Philosophie, obwohl der Einfluss Fichtes deren Wirksamkeit vorübergehend in den Hintergrund treten ließ. – Die durch Winckelmann wiederentdeckte Antike verhieß die harmonische Vereinigung der vom Christentum zertrennten Daseinsmächte, eine Sphäre der Schönheit und des Einklangs mit der Natur. Dies wurde insbesondere für Hölderlin von zentraler Bedeutung.

Die stärksten Impulse gingen wohl von der Französischen Revolution aus, von der dort – so schien es – zur Geschichtsmächtigkeit gelangten Vernunft. Viele Studenten im Tübinger Stift begrüßten das epochemachende Ereignis mit Begeisterung, waren sie doch selbst einem Musterbeispiel absolutistischen Herrschertums untertan: dem Herzog Karl Eugen, der von 1737 bis 1793 regierte und es sich nicht nehmen ließ, gelegentlich auch in das Universitätsleben einzugreifen. Das intensivierte den Hass und die Ablehnung. Überdies wurde das Tübinger Stift selbst «in strenger, fast klösterlicher Zucht geführt, darin von Freiheit kaum die Rede sein konnte». «Zucht, Gehorsam und Einordnung waren oberstes Gesetz. So war die Kleidung (eine Art geistliche Kleidung) vorgeschrieben, die Teilnahme am Gottesdienst (gemeinsames Morgengebet, sonntags gemeinsamer Kirchgang), Ausgang und Studienzeiten waren genau festgelegt (man hatte sich jeweils an der Pforte zu melden) ... » (Fuhrmans)[11] – Das Stift war von revolutionären Gedanken erfüllt; Hölderlin, Hegel und Schelling wurden zu Wortführern der geistigen Revolte gegen die Universität, die etablierte Ordnung in Staat und Gesellschaft, deren Fundamente als morsch und erneuerungsbedürftig angesehen wurden. Hier verband sich die «Aufmüpfigkeit» einer neuen Generation mit den revolutionären Ideen des Zeitalters. Dass Hegel und Schelling in späteren Jahren selbst zu Stützen der restaurativen Ordnung wurden, den Herrschenden zu Diensten waren und alles Revolutionäre verurteilten, ist häufig kritisiert oder bedauert worden. Für Schelling wäre hier anzumerken, dass gerade er den revolutionären Tendenzen seiner Frühzeit in erheblich höherem Grade verbunden blieb, als dies auf den ersten Blick erkennbar ist. Sein philosophisches Wirken verlagerte den frühen Impuls auf eine andere Ebene, löschte ihn aber nicht prinzipiell aus. Dies haben Persönlichkeiten wie Michail Bakunin und Pierre Leroux sehr deutlich zu erkennen vermocht.

Auf die akademischen Lehrer an der Tübinger Universität braucht hier nicht eingegangen zu werden; Hochachtung oder auch nur Anerkennung hat Schelling ihnen nicht gezollt. – Den philosophischen Teil des akademischen Werdegangs kann er nach zwei Jahren mit der «Magisterprüfung» beenden. Entgegen den Gepflogenheiten schreibt er die Dissertation selbst, der zwei kleinere Arbeiten («Specima») beigeordnet werden. Die in lateinischer Sprache abgefasste Dissertation wird wenig später gedruckt; in deutscher Übersetzung lautet ihr Titel: *Kritischer und philosophischer Versuch zur Erklärung des ältesten Philosophems über den Ursprung der menschlichen Übel.* Die beiden «Specima» sind verschollen. Die Arbeit des Siebzehnjährigen zeigt zunächst einmal eine bemerkenswerte Vertrautheit mit den Schriften Kants, Lessings und Herders. An sich ist sie wenig interessant oder originell. – Bereits im Winter 1792/93 schließt Schelling eine weitere Arbeit ab: *Über Mythen, historische Sagen und Philosopheme der ältesten Welt.* Die Schrift erscheint in der von H. E. G. Paulus herausgegebenen Zeitschrift «Memorabilien». Sie schlägt ein Thema an, das noch den späten Schelling beschäftigt: die philosophische Bedeutung des Mythos. Der erwähnte Paulus, selbst ehemaliger Stiftler, war Theologe und Professor für Orientalistik in Jena.

Im Wintersemester 1792/93 beginnt das eigentliche theologische Studium, also zu einer Zeit, als sich Schelling bereits von allen christlichen Vorstellungen herkömmlicher Prägung gelöst haben dürfte. Das Studium wird, wie aus Briefen hervorgeht, zunehmend lustloser absolviert. Johann Gottlieb Fichte kommt im Juni 1793 und ein zweites Mal im Mai 1794 durch Tübingen. Schelling verehrt in ihm den Verfasser der anonym erschienenen Schriften «Zurückforderung der Denkfreiheit von den Fürsten Europas, die sie bisher unterdrückten» und «Beitrag zur Berichtigung der Urteile des Publikums über die französische Revolution» (1793). Im Sommer 1794 hält er Fichtes «Begriff der Wissenschaftslehre» in den Händen; die Verehrung für den Revolutionär im politischen und im religiösen Bereich wird nunmehr ergänzt durch diejenige für den «Vollender» der Kantschen Philosophie. Die Schrift Fichtes inspiriert den neunzehnjährigen Schelling zu seiner ersten philosophischen Abhandlung: *Über die Möglichkeit einer Form der Philosophie überhaupt,* die schon im Herbst 1794 erscheint, also in wenigen Wochen geschrieben worden sein muss. Die Abhandlung, in der es um das Problem der Philosophie als Einheitslehre im Sinne des Fichteschen Ansatzes geht, hat unterschiedliche Bewertungen erfahren: Kuno Fischer glaubt dem philosophischen Erstlingswerk attestieren zu müssen, dass in ihm «die Sache gleich in der Wurzel erfasst» worden sei.[12] Die «Sache» ist die zentrale Problematik im «Begriff der Wissenschaftslehre»: das Ich als Ausgangspunkt und Fundament jeglichen Wissens. Horst Fuhrmans hebt hervor, die Schrift sei «gering ... im Eigenen, aber nicht ungeschickt in einigen Formulierungen»[13]. Schelling schickt die Abhandlung an Fichte; in dem Begleitbrief bringt er seine Bewunderung für dessen Schriften zum Ausdruck. Fichte seinerseits übersendet nun Schelling die ersten Druckbogen seiner «Grundlage der gesamten Wissenschaftslehre». Die enorme Schnelligkeit des Aufnahme- und Verarbeitungsvermögens, die den jungen Schelling auszeichnet, wirkt sich in einer zweiten philosophischen Schrift aus: *Vom Ich als Prinzip der Philosophie oder über das Unbedingte im menschlichen Wissen,* die Ostern 1795 erscheint. «Man wird nicht sagen können, dass diese Schrift tief in Fichtes Fragestellungen eingedrungen ist: Für die Öffentlichkeit begründete diese Schrift aber schnell Schellings Ruhm (wenn es auch ablehnende Rezensionen gab). Hier schien – so sah man es damals und so sah es auch Fichte (ja Schelling selbst?) – die in Fichte über Kant hinausdrängende Philosophie einen jungen, genialen Mitkämpfer gefunden zu haben, der mit kühnen Thesen das Ganze erläuterte und vorwärtstrieb» (Fuhrmans).[14] Fichte hatte 1794 die Nachfolge des Kantianers Karl Leonhard Reinhold in Jena angetreten und war zum gefeiertsten Denker Deutschlands geworden, nicht zuletzt wohl wegen der Dynamik seiner Persönlichkeit, die auch Schelling tief beeindruckte, und der Schlüsselrolle der Freiheit in seinem System. Ob der «Fichteanismus» dem innersten philosophischen Anliegen des jungen Schelling entsprochen oder dessen Herausbildung eher verhindert hat, muss wohl im Letzten offen bleiben.

In einem Brief an Hegel, der damals als Hofmeister in Bern lebte, schreibt Schelling im Dezember 1794: *Ich lebe und webe gegenwärtig in der Philosophie. Die Philosophie ist noch nicht am Ende. Kant hat die Resultate gegeben: die Prämissen fehlen noch ... Fichte wird die Philosophie auf eine Höhe heben, vor der selbst die meisten der bisherigen Kantianer schwindeln werden ... Glücklich genug, wenn ich einer der ersten bin, die den neuen Helden, Fichte, im Lande der Wahrheit begrüßen! – Segen sei dem großen Mann! Er wird das Werk vollenden.*[15] Ein Brief Hegels an Schelling vom Januar 1795 spiegelt etwas von der Aufbruchs- und Umbruchsstimmung, welche die drei Freunde in jener Zeit erfasst hatte: «Hölderlin schreibt mir zuweilen aus Jena ... er hört Fichten und spricht mit Begeisterung von ihm als einem Titanen, der für die Menschheit kämpfe und dessen Wirkungskreis gewiss nicht innerhalb der Wände des Auditoriums bleiben werde ... Das Reich Gottes komme, und unsre Hände seien nicht müßig im Schoße! ... Vernunft und Freiheit bleiben unsre Losung, und unser Vereinigungspunkt die unsichtbare Kirche.»[16] – Innerlich zerfallen mit Theologie und traditionellem Christentum schließt Schelling im Spätsommer 1795 sein theo-

28

logisches Studium ab, wie Hölderlin und Hegel dazu entschlossen, nicht in den verhassten kirchlichen Dienst zu treten. Noch während der Examensarbeiten fordert ihn der Jenaer Theologe und Philosophieprofessor Friedrich Immanuel Niethammer dazu auf, an einer von ihm herausgegebenen Zeitschrift mitzuarbeiten, deren Beiträge ganz auf die Fichtesche Philosophie zugeschnitten sind: dem «Philosophischen Journal einer Gesellschaft teutscher Gelehrten». Schelling sagt zu und liefert die *Briefe über Dogmatismus und Kritizismus,* eine scharfe Abrechnung mit dem Tübinger *Kantianismus* als einer *Philosophie der Halbheit.*[17]

Pläne, sich in Hamburg niederzulassen, werden bald aufgegeben. Nach kurzem Aufenthalt in Schorndorf, wo er dem Vater im Pfarrdienst hilft, geht Schelling als Hauslehrer nach Stuttgart. «Der Revolutionsenthusiast stellt sich zur Verfügung der Barone von Riedesel aus Darmstadt. Diese Rolle ist das wissenschaftssoziologisch signifikante Los der jungen Intelligenz in der feudalen Gesellschaft; Hegel trifft es gleich Schelling» (Hans Jörg Sandkühler).[18] Schelling bekommt die Stelle im November 1795; die ihm in Aussicht gestellten Reisen nach Frankreich und England finden nicht statt. Er unterrichtet die jungen Barone bis Anfang März 1796 in Stuttgart. Wohl während dieser Zeit entsteht das sogenannte «Älteste Systemprogramm des deutschen Idealismus», das nur in der Handschrift Hegels überliefert ist. Schellings Autorschaft ist nicht endgültig gesichert, auch Hölderlin und Hegel kommen jeweils als Verfasser in Frage. «Noch jede Zuschreibung, ob an Hegel, Hölderlin oder Schelling, hat trotz vieler Übereinstimmungen Sperriges feststellen müssen.»[19] Am ehesten für Schelling sprechen folgende Sätze aus dem Entwurf: *Ich möchte unsrer langsamen an Experimenten*

*mühsam schreitenden Physik einmal wieder Flügel geben. So –
wenn die Philosophie die Ideen, die Erfahrung die Data gibt, können wir endlich die Physik im Großen bekommen, die ich von spä-
tem Zeitaltern erwarte.*[20]

Im Frühjahr 1796 begleitet Schelling seine adligen Zöglinge
an die Universität Leipzig. Der Aufenthalt in Leipzig, mit dem
die Hauslehrer- bzw. Hofmeisterstellung zu Ende geht, dauert
bis zum August 1798. Schelling vertieft sich in das Studium der
Mathematik, der Naturwissenschaften und der Medizin. Die
neuesten physikalischen, chemischen und medizinischen Forschungsergebnisse, die er in der ihm eigenen Art schnell und
gründlich verarbeitet, erwecken in ihm die Idee einer umfassenden philosophischen Synthese von Natur und Geist und damit
der Überwindung des Cartesischen Dualismus.

Die Erforschung der Elektrizität und des Magnetismus, auch
und gerade im Zusammenhang mit physiologischen Prozessen,
hatte im späten 18. Jahrhundert Ergebnisse zutage gefördert,
die auf eine verborgene Einheit aller Naturkräfte, im organischen und im anorganischen Bereich, hinzudeuten schienen. Besondere Berühmtheit erlangte die Entdeckung der «Galvani-
schen Elektrizität» (1791), die auf der Umwandlung chemischer
in elektrische Energie beruht. Galvani hatte herausgefunden,
dass ein Froschschenkel in Zuckungen gerät, wenn man Nerven-
und Muskelenden mit zwei verschiedenen, miteinander verbundenen Metallen berührt. Man schloss daraus auf eine «tierische
Elektrizität» und glaubte dem Geheimnis der Entstehung des
Lebens einen Schritt näher gerückt zu sein. Wichtig für die frühen naturphilosophischen Schriften Schellings wurden Lavoisi-
ers Entdeckung der Zusammensetzung der Luft aus Stickstoff
und Sauerstoff (1775) sowie der Verbrennung als Oxydations-

prozess (1783), ferner die «Erregungslehre» des schottischen Arztes John Brown sowie die von Karl Friedrich von Kielmeyer aufgestellte Entwicklungslehre.

Brown betrachtete jede Krankheit als Symptom einer Störung der Beziehung zwischen den auf den Körper einwirkenden Reizen und dessen Erregbarkeit; Leben überhaupt galt ihm als eine Art Erregungszustand. Die Lehre Browns wurde in den frühen neunziger Jahren von den deutschen Ärzten A. A. Marcus und J. A. Röschlaub (später Freunde Schellings) aufgegriffen. – Der Biologe Kielmeyer (Lehrer von Cuvier, des Begründers der vergleichenden Anatomie) gehörte zu den ersten Naturforschern, die gegen den Gedanken einer übernatürlichen «Lebenskraft» innerhalb der mechanistisch verstandenen Körperwelt den Zusammenhang der organischen Kräfte mit der anorganischen Natur betonten. Im Februar 1793 hatte Kielmeyer in der Karlsschule zu Stuttgart eine Rede gehalten «Über das Verhältnis der organischen Kräfte», die Schelling entscheidend beeinflusste. Der Lebensprozess wird nach Kielmeyer durch drei Hauptfunktionen bestimmt: Empfindung, Bewegung und Selbsterhaltung; zu letzterer gehören alle Vorgänge, mittels deren der Organismus sich selbst reproduziert, also Ernährung und Ausscheidung, Wachstum, Fortpflanzung usw. Diesen Lebensäußerungen ordnet Kielmeyer die drei organischen Kräfte der Empfindlichkeit (Sensibilität), Erregbarkeit (Irritabilität) und Wiedererzeugung (Reproduktion) zu. Mit diesen Begriffen arbeiteten Physiologie und Biologie in der Kielmeyer-Nachfolge, und auch Schelling verwendet sie häufig. Einer der Kernsätze Kielmeyers lautet: «Die Kraft, durch welche die Entwicklung des Individuums geschieht, ist dieselbe Kraft, durch welche die verschiedenen Organisationen der Erde ins Dasein gerufen werden.»[21] «Der Grundgedanke Kielmeyers, der in die Naturphilosophie eingeht und in deren Anlage die vollste Empfänglichkeit finden musste, ist die Idee der E n t w i c k l u n g, die aus der unorganischen Natur sich zur organischen erhebt und durch das Reich der Organisationen stufenmäßig und stetig fortschreitet zur Erzeugung des Geistes» (Kuno Fischer).[22]

Damit sind einige der Strömungen innerhalb der damaligen Naturwissenschaft bezeichnet, die Schelling beschäftigen und ihm die Unzulänglichkeit der mechanistischen Naturbetrachtung seit Descartes vor Augen führen. 1797 schreibt er die *Allgemeine Übersicht der neuesten philosophischen Literatur,* welche er 1809 als *Abhandlung zur Erläuterung des Idealismus der Wissenschaftslehre* erneut herausbringt. Hier zeigt sich bereits die philosophische Grundrichtung: das Bemühen, eine lebendige Synthese von Natur und Vernunft zu finden. In demselben Jahr (1797) erscheinen die *Ideen zu einer Philosophie der Natur,* die erste naturphilosophische Schrift im engeren Sinne, in welche das gesamte naturwissenschaftliche Wissen Schellings zur damaligen Zeit Eingang findet. 1798 veröffentlicht er die zweite große Schrift zur Naturphilosophie: *Von der Weltseele, eine Hypothese der höheren Physik zur Erklärung des allgemeinen Organismus.* Mit dieser erwirbt er sich die Anerkennung Goethes. Schelling greift die Vorstellung von der Weltseele als dem belebenden Urprinzip des Alls auf, wie sie bei Platon, Plotin und Giordano Bruno zutage tritt. Auch hier wird das gesamte naturwissenschaftliche Wissen eingearbeitet, und zwar in dem steten Bemühen, auf spekulativem Wege die angestrebte Einheit der Natur wenigstens näherungsweise zu erreichen. Einige Gewaltsamkeiten im analogischen Verknüpfen der Naturphänomene konnten der Anlage der Schrift nach nicht ausbleiben. Schelling wollte mehr, als sich mit den ihm zur Verfügung stehenden Mitteln erreichen ließ. Seinen Eltern schreibt er im September 1797: *Zur Theologie tauge ich nicht, weil ich indes um nichts orthodoxer geworden bin.*[23] Davon künden seine Schriften auf beredte Weise. Die Theologie liegt «meilenfern».

Im Dezember 1797 lernt Schelling Novalis (Friedrich von Hardenberg) kennen, der ähnlich wie Hölderlin und Hegel von dem Bewusstsein durchdrungen war, an der Schwelle einer neuen Zeit zu stehen, die eine neue Philosophie, ja eine neue Religion bringen werde. Novalis schreibt an seinen Freund Friedrich Schlegel (26. Dezember 1797): «Schelling hab ich kennen gelernt. Freimütig hab ich ihm unser Missfallen an seinen ‹Ideell› erklärt. – Er war sehr damit einverstanden und glaubt im zweiten Teil einen höhern Flug begonnen zu haben. Wir sind schnell Freunde geworden. Er hat mich zum Briefwechsel eingeladen. Diese Tage über werde ich auch an ihn schreiben. Er hat mir sehr gefallen – echte Universaltendenz in ihm – wahre Strahlenkraft – von Einem Punkt in die Unendlichkeit hinaus. Er scheint viel poetischen Sinn zu haben.»[24] – Die Bemühungen von Schellings Vater um eine Professur für seinen Sohn in Tübingen schlagen fehl; doch schon im November 1797 kündigt sich die Möglichkeit einer Berufung an die Universität Jena an, für die sich anfänglich wohl nur Fichte einsetzt. Während eines Aufenthalts in Jena kommt es im Mai 1798 zu einem ersten Gespräch zwischen Schelling und Goethe.Im Tagebuch Goethes wird vermerkt: «Jena, den 28. Mai 1798. Gegen Abend zu Schiller, wohin Niethammer und Schelling kamen. – Jena, den 29. und 30. Mai 1798. Früh mit Dr. Schelling optische Versuche.»[25] Goethe findet in Schelling einen lebhaften Bewunderer seiner Farbenlehre. Er setzt sich schließlich für Schellings Berufung nach Jena ein;

sein befürwortendes Schreiben an den Minister Voigt veranlasst Herzog Karl August, eine außerordentliche Professur zu genehmigen. Im Juli 1798 wird Schelling von seinen Hofmeisterpflichten entbunden. Seine erste Wirkungsphase in Jena, dem Zentrum der deutschen nachkantischen Philosophie, dauert von Oktober 1798 bis Mai 1800.

Schelling verlässt Leipzig in der zweiten Augusthälfte 1798 und begibt sich zunächst für knapp sechs Wochen nach Dresden, um die dortigen Kunstsammlungen zu studieren. Hier kommt es zur Begegnung mit dem Frühromantikerkreis um die Gebrüder Schlegel, in dem er begeistert aufgenommen wird und zu dem auch seine spätere Frau Caroline, damals noch verheiratet mit August Wilhelm Schlegel, gehört. Friedrich Schlegel war im Sommer 1797 von Jena nach Berlin gegangen und hatte hier Ludwig Tieck, Friedrich Schleiermacher und Dorothea Veit kennengelernt. Jena und Berlin wurden zu Sammelpunkten der frühromantischen Bewegung, «verknüpft zunächst in der Person Friedrich Schlegels»[26]. Was die Frühromantiker einte war die gemeinsame Bewunderung für Goethe und Fichte und das Bewusstsein, an einer Zeitenwende zu stehen, die eine lebendige Synthese aller schöpferischen Bestrebungen einleiten werde. Wie erwähnt entsprach dies auch den von Hölderlin, Hegel und Schelling gehegten Gedanken.

Am 5. Oktober 1798 trifft Schelling in Jena ein; die erste Phase der dortigen Lehrtätigkeit «ist ausgezeichnet durch eine philosophische Symbiose, wie sie in Schellings Leben kein zweites Mal mehr möglich wird» (Sandkühler).[27] Der kaum Vierundzwanzigjährige versteht viele für seine Naturphilosophie zu begeistern; Fichte betrachtet ihn als seinen Mitarbeiter, ahnt wohl dessen Andersartigkeit, täuscht sich aber zunächst noch über

die Unvereinbarkeit der «Wissenschaftslehre» mit der Naturphilosophie. Im Sommer 1799 muss er Jena verlassen, da man
ihn des «Atheismus» verdächtigt; weder Schelling noch Goethe
können Fichte helfen und das Peinliche und Unwürdige dieses
Vorgangs verhindern. – Zu den Persönlichkeiten, mit denen
Schelling in ständigem Kontakt steht, gehören neben Goethe
und Schiller die Gebrüder Schlegel und Dorothea Veit (alle drei
seit Sommer bzw. Herbst 1799 in Jena), Caroline Schlegel, Ludwig Tieck, Henrik Steffens, Gotthilf Heinrich Schubert, zunächst
Fichte und (seit 1801) auch Hegel, um nur die bedeutendsten zu
nennen. Das Verhältnis zu Novalis ist distanziert; er könne, sagt
Schelling nach Erscheinen des Nachlasses von Novalis, *diese Fri-
volität gegen die Gegenstände nicht gut ertragen, an allen herum-
zuriechen, ohne einen zu durchdringen*[28]. Hinzu kommt die Ablehnung der durch Novalis und Schleiermacher repräsentierten
religiösen Tendenzen. 1799 erscheint der *Erste Entwurf eines
Systems der Naturphilosophie,* der bereits im Wintersemester
1798/99 geschrieben wurde. Im Herbst 1799 verfasst Schelling
aus erstem Protest gegen Schleiermachers «Reden über die Religion» und Novalis Aufsatz «Die Christenheit oder Europa» das
Gedicht *Epikurisch Glaubensbekenntnis Heinz Widerporstens.* Der
poetische Versuch, «in Hans Sachs Goethes Manier entworfen»
(Friedrich Schlegel)[29], soll zunächst in der Frühromantiker-Zeit-
schrift «Athenaeum» erscheinen, wird dann aber erst ein Jahr
später, und zwar anonym und nur in Auszügen, in Schellings eigener Zeitschrift herausgebracht. Auch Goethe spricht sich gegen das Gedicht aus, wohl wegen der in ihm enthaltenen satirischen Passagen gegen das Christentum, die ihn einen erneuten
«Atheismusstreit» befürchten lassen. In dem Schellingschen
Poem heißt es unter anderem:

Weiß nicht wie sie's können treiben,
Von Religion reden und schreiben;
Mag über solchem Zeug nicht brüten,
Will denn unter sie hinein wüten
Und mir nicht von den hohen Geistern
Lassen Verstand und Sinn verkleistern.[30]

Der fiktive Heinz Widerporsten gibt sich trotzig-polemisch als Materialist, der sich der religiösen *Grillen* zu erwehren sucht; er verkündet eine Art Naturreligion pantheistischer Prägung:

Drum ist eine Religion die rechte,
Müßt sie im Stein und Moosgeflechte,
In Blumen, Metallen und allen Dingen
So zu Luft und Licht sich dringen,
In allen Höhen und Tiefen
Sich offenbaren in Hieroglyphen.[31]

Dann legt Schelling-Widerporsten seine naturphilosophische Entwicklungslehre dar:

Wüßt auch nicht, wie mir vor der Welt sollt grausen,
Da ich sie kenne von innen und außen ...
Steckt zwar ein Riesengeist darinnen,
Ist aber versteinert mit seinen Sinnen,
Kann nicht aus dem engen Panzer heraus
Noch sprengen das eisern Kerkerhaus,
Obgleich er oft die Flügen regt,
Sich gewaltig dehnt und bewegt,

In toten und lebend' gen Dingen
Tut nach Bewußtsein mächtig ringen ...
Hinauf zu des Gedankens Jugendkraft,
Wodurch Natur verjüngt sich wieder schafft,
Ist Eine Kraft, Ein Pulsschlag nur, Ein Leben,
Ein Wechselspiel von Hemmen und von Streben.[32]

Das *System des transzendentalen Idealismus,* eines der überzeugendsten und geschlossensten Werke Schellings, erscheint im Jahre 1800. Das Werk enthält neben transzendentalphilosophischen auch natur-, geschichts- und kunstphilosophische Überlegungen. Die Kunst wird hier, ganz im Sinne der Frühromantik, zum *Organ der Philosophie*[33] erklärt; im Kunstwerk manifestiere sich *die Identität der bewussten und der bewusstlosen Tätigkeit.*[34] *Die objektive Welt ist nur die ursprüngliche, noch bewusstlose Poesie des Geistes; das allgemeine Organon der Philosopie – und der Schlussstein ihres Gewölbes – d i e P h i l o s o p h i e d e r K u n s t .*[35] *Die Ansicht, welche der Philosoph von der Natur künstlich sich macht, ist für die Kunst die ursprüngliche und natürliche. Was wir Natur nennen, ist ein Gedicht, das in geheimer wunderbarer Schrift verschlossen liegt. Doch könnte das Rätsel sich enthüllen, würden wir die Odyssee des Geistes darin erkennen, der wunderbar getäuscht, sich selber suchend, sich selber flieht; denn durch die Sinnenwelt blickt nur wie durch Worte der Sinn, nur wie durch halbdurchsichtigen Nebel das Land der Phantasie, nach dem wir trachten ... Die Natur ist dem Künstler nicht mehr, als sie dem Philosophen ist, nämlich nur die unter beständigen Einschränkungen erscheinende idealische Welt, oder nur der unvollkommene Widerschein einer Welt, die nicht außer ihm, sondern in ihm existiert.*[36]

Im Frühjahr 1800 erscheint zum ersten Mal die von Schelling herausgegebene *Zeitschrift für spekulative Physik.* Gleichzeitig lösen sich die bis dahin engen Beziehungen zum Schlegel-Kreis; persönliche Probleme und Zwistigkeiten brechen auf, wesentlich mitverursacht durch die Liebe zwischen Schelling und Caroline Schlegel, deren Ehe mit August Wilhelm Schlegel erst im Mai 1803 geschieden wird. Schelling heiratet die fast zwölf Jahre ältere Frau im Juni 1803. – Für das Sommersemester 1800 wird Schelling beurlaubt; er geht nach Bamberg, widmet sich dort medizinischen Studien und hält auch naturphilosophische Vorlesungen. Unmittelbarer Reiseanlass ist eine gefährliche Erkrankung Carolines, die mit ihrer Tochter eine Badereise nach Bad Boklet in Franken antritt, auf der sie Schelling bis nach Bamberg begleitet. Das Verhältnis Schellings zu Caroline Schlegel und ihrer Tochter Auguste Böhmer (geb. 1785, aus der ersten Ehe mit Böhmer) zeigt eine wechselseitige tiefe Herzlichkeit, soweit sich dies aus den Briefen ersehen lässt. Vorübergehend scheint gar Caroline den Gedanken gehegt zu haben, Schelling mit ihrer Tochter zu verheiraten. Auf jeden Fall standen auch Auguste Böhmer und Schelling einander sehr nahe. So ist es für ihn ein Schock, als er von dem unerwarteten Tod der Fünfzehnjährigen am 12. Juli 1800 erfährt. Überdies tauchen kurz darauf Gerüchte auf, Schelling habe eine mögliche Rettung Augustes verhindert, weil er auf dilettantische Weise versucht hätte, diese mit den Mitteln der Brownschen Erregungslehre zu heilen. In Bamberg hatte Schelling Kontakt aufgenommen mit den Medizinern Marcus und Röschlaub und sich von deren Experimenten auf der Basis der Lehre Browns begeistert gezeigt. Umgekehrt konnte er die beiden Mediziner von den Grundgedanken seiner Naturphilosophie überzeugen. Gegen den Vorwurf, schuld am Tode Auguste Böhmers zu sein, wehrt er sich empört und verbittert.

Als Schelling im Oktober 1800 seine Vorlesungstätigkeit in Jena wieder aufnimmt, ist der alte Freundeskreis weitgehend zerstört. Insbesondere Friedrich Schlegel und Dorothea Veit stellen sich zunehmend gegen Schelling; Caroline und Dorothea sind hoffnungslos zerstritten und miteinander verfeindet. Hinzu kommen fortwährende Querelen mit den Herausgebern der «Allgemeinen Literaturzeitung», die bereits 1799 angefangen haben, sowie der offen ausbrechende theoretische Streit mit Fichte, welcher sich an einem zunächst gemeinsam geplanten Zeitschriftenprojekt entzündet. Hegel stellt sich mit seiner Erstlingsschrift «Differenz des Fichteschen und Schellingschen Systems der Philosophie» ganz auf die Seite seines Freundes. Die enge Zusammenarbeit zwischen Hegel und Schelling beschleunigt die Loslösung von Fichte. 1801 veröffentlicht Schelling die *Darstellung meines Systems der Philosophie.* Das Identitätssystem – also die Lehre von der Einheit von Subjekt und Objekt im Sein und Erkennen – nimmt erste Formen an. 1802 erscheint *Bruno oder über das göttliche und natürliche Prinzip der Dinge. Ein Gespräch.* Hier entwickelt Schelling seine Identitätsphilosophie in Dialogform; einer der Dialogpartner, Bruno, verkündet die Schellingsche Sicht. Die starke Beeinflussung durch Giordano Brunos Dialog «Von der Ursache, dem Prinzip und dem Einen» ist unverkennbar. Mit Recht spricht Werner Beierwaltes hier von einer «Transformation zentraler Brunoscher Gedanken und deren neuplatonischer Implikationen in den Horizont der ‹Identitätsphilosophie› »[37]. Gleichfalls 1802 gibt Schelling mit Hegel das *Kritische Journal der Philosophie* heraus. Die Zusammenarbeit der beiden Freunde ist eng, ihre wechselseitige Beeinflussung erheblich. Dennoch ist Schelling im Ganzen der dominierende Teil , die Grundlegung des «objektiven Idealismus» – in bewusster Abgrenzung zum «subjektiven Idealismus» Fichtes – ist wesentlich sein Werk. Die Funktion Hegels ist die eines Schülers und Mitarbeiters, der erst allmählich seinen eigenen Weg geht.

Die Streitigkeiten mit der Jenaer Literaturzeitung erreichen einen Höhepunkt, als diese 1802 einen Aufsatz abdruckt, in dem die Einwirkungen der Naturphilosophie auf die Medizin an der Bamberger Akademie verspottet werden. Unter dem Einfluss von Marcus und Röschlaub hatten sich in Bamberg junge Mediziner der Schellingschen Lehre bemächtigt und diese, phrasenhaft verkürzt, in arroganter Polemik gegen die herrschende Medizin vorgebracht. In dem Aufsatz wird der Versuch unternommen, den «sittlichen und wissenschaftlichen Unfug auf dem Katheder der Bamberger medizinischen Fakultät»[38] unter Heranziehung von Auszügen aus Promotionsarbeiten zu entlarven. Schelling reagiert in maßloser Schärfe: Er degradiert die Kritiker zum geistigen Pöbel und wirft ihnen totales Unverständnis und Barbarei vor. Franz Berg, Professor in Würzburg, veröffentlicht ein anonymes Pamphlet mit dem Titel «Lob der allerneuesten Philosophie», in dem die Naturphilosophie lächerlich gemacht wird. – Es ist schwer, dieser ersten großen Auseinandersetzung um die Naturphilosophie Gerechtigkeit widerfahren zu lassen, weil von beiden «Lagern» der Boden der Sachlichkeit zugunsten der moralischen Verunglimpfung des Gegners verlassen wurde. Sicher ist, dass die Naturphilosophie von Anfang an die Gefahr in sich barg, suggestive Vereinfachungen an die Stelle ernsthafter Forschung zu setzen. Dieser Gefahr sind viele erlegen und haben so, wie auch Schelling bald erkannte, den schöpferischen Grundansatz der Naturphilosophie unkenntlich gemacht und dieser selbst erheblichen Schaden zugefügt. Schelling ist von der «Schuld» an dieser Entwicklung nicht ganz freizusprechen. Hinzu kommt, dass wohl immer fanatische Anhänger und Wirrköpfe aller Art, die sich einer bestimmten philosophischen Lehre annehmen, diese verdunkeln und verunstalten.

Im April 1803 zeichnet sich die Möglichkeit einer Berufung Schellings nach Würzburg ab, die insbesondere Marcus betreibt. Schelling verlässt Jena im Mai; er und Caroline heiraten am 26. Juni. Der zunächst gehegte Plan, gemeinsam nach Italien zu reisen, wird durch die endgültige Zusage der ordentlichen Professur in Würzburg durchkreuzt. Im «Reichsdeputationshauptschluss» zu Regensburg fällt Würzburg an Bayern, «dessen aufgeklärtes Herrscherhaus dort neben Landshut eine zweite, moderne, vom Klerikalismus unbeeinflusste Landesuniversität aufzubauen versucht»[39]. Andere Berufungen ergehen an den Juristen Hufeland sowie an Paulus und Niethammer als Theologen. Auch Mediziner werden berufen, unter ihnen Marcus und Röschlaub aus Bamberg. Eschenmayer, Steffens, G. H. Schubert, L. Oken und andere stoßen hinzu; ein neuer Kreis bildet sich um den Begründer der Naturphilosophie. Schelling veröffentlicht die *Vorlesungen zur Methode des akademischen Studiums* (1803), die den eindrucksvollen Versuch darstellen, die akademischen Forschungszweige auf eine einheitliche philosophische Grundlage zu beziehen. Das Jahr 1804 bringt die Abhandlung über *Philosophie und Religion,* in der sich bereits eine Erweiterung der Naturphilosophie ankündigt, sowie das *System der gesamten Philosophie und der Naturphilosophie insbesondere.* Die Schrift enthält die umfangreichste Darstellung der naturphilosophischen Grundpositionen, die sich im Werk Schellings findet; sie wird erst im Nachlass veröffentlicht. Seit 1805 gibt Schelling mit Marcus die *Jahrbücher der Medizin als Wissenschaft* heraus; hier werden die *Aphorismen zur Einleitung in die Naturphilosophie* und die *Aphorismen über die Naturphilosophie* (1806) veröffentlicht. – Schellings Lehrtätigkeit in Würzburg beginnt im Wintersemester 1803/04 und endet im Frühjahr 1806. Die mit den Vorlesungen verbundenen philosophischen Übungen veranlassen ihn in einem Brief an Hegel zu der Bemerkung: *Der Geist der Studierenden ist noch weit von dem in Jena herrschenden entfernt, und sie finden die Philosophie noch gewaltig unverständlich.*[40] Die Zeit in Würzburg ist eine Phase gesteigerter Produktivität. Dass in zunehmendem Grade theosophische und religiöse Elemente in das Werk Schellings einfließen, haben viele bedauert oder gar als Abkehr von der eigentlichen Naturphilosophie interpretiert. Die sich in Würzburg vollziehende Umschichtung kommt zunächst einer Erweiterung gleich. So spricht Schelling in *Philosophie und Religion* von der Wiederverkörperung der Seelen (auch auf anderen Gestirnen), wertet die Sinnenwelt als *Abfall* vom Absoluten – um nur zwei Beispiele für die genannte Erweiterung anzuführen. Dies hat manche befremdet, andere dagegen erst für das Schellingsche Denken gewonnen. Der einstige Verfasser des Gedichts *Epikurisch Glaubensbekenntnis Heinz Widerporstens* wird zum Wortführer einer Romantik, der es um eine religiöse Erneuerung, um die Einbeziehung des Spirituellen in die Philosophie zu tun ist. Schelling gewinnt neue Feinde, und es kommt zu einem Verweis vonseiten der Regierung mit peinlichen und demütigenden Folgen. Auch in Würzburg sind Fehden mit geistigen Widersachern eine dauerhafte Begleiterscheinung des streitbaren Philosophen. Der katholische Klerus macht gegen ihn Front, und auf der anderen Seite verübeln ihm die Protestanten um den Theologen Heinrich Eberhard Gottlob Paulus seine romantisch-religiösen Tendenzen, die in ihren Augen einem Renegatentum gleichkommen. Die Freundschaft mit Röschlaub zerbricht, und jene Schriften häufen sich, in denen die Schellingsche Philosophie in schärfster Form attackiert wird. Auch Fichte ist längst zum prononcierten Gegner der Identitäts- und Naturphilosophie geworden.

Der Wunsch Schellings, Würzburg den Rücken zu kehren, wird verstärkt durch die Veränderung der politischen Situation: Nach dem Frieden von Pressburg (26. Dezember 1805) wird Bayern, welches auf der Seite Frankreichs gegen Österreich gekämpft hat, zum Königreich erhoben und vergrößert. Der Rheinbund, unter dem Protektorat Napoleons stehend, bedeutet das Ende des Heiligen Römischen Reiches Deutscher Nation; Bayern wird der mächtigste der Rheinbundstaaten. Im Frieden von Pressburg geht das Bistum Würzburg an den Großherzog von Toskana, den Bruder Kaiser Franz' II.; Schelling weigert sich, den Eid auf die neue Regierung abzulegen, er will in Bayern bleiben und bekundet seinen Anspruch auf eine Entschädigung für die verlorengehende Professur. Man bietet ihm schließlich an, in die Münchener Akademie der Wissenschaften aufgenommen zu werden. Schelling nimmt an, obwohl er in München viele Gegner hat. Er verlässt Würzburg am 17. April 1806, Caroline folgt in der zweiten Maihälfte nach.

Schelling bleibt in München bis 1820, dann geht er für sieben Jahre nach Erlangen, um anschließend wieder nach München zurückzukehren. Als er München für immer verlässt (Herbst 1841), steht er im 67. Lebensjahr. Während der ersten Phase in München, 1806 bis 1820, geht er keiner akademischen Lehrtätigkeit nach. Immerhin macht ihn die Rede *Über das Verhältnis der bildenden Künste zu der Natur* vom 12. Oktober 1807 zum Generalsekretär der 1808 gegründeten Akademie der bildenden Künste. – Im Jahre 1806 veröffentlicht er die Schrift *Darlegung des wahren Verhältnisses der Naturphilosophie zu der verbesserten Fichteschen Lehre*, wodurch der endgültige und öffentliche Bruch mit Fichte vollzogen wird. Ein Jahr später führt die Polemik Hegels gegen die Identitätsphilosophie in der Vorrede zur «Phänomenologie des Geistes» zur Trennung von dem einstigen Freund. Zwar versucht Schelling einzulenken, indem er die Kritik Hegels weniger auf sich als auf seine Epigonen bezieht, doch lässt Hegel keinen Zweifel an der schroffen Abgrenzung von diesem Kernstück des Schellingschen Denkens. Spätere Zusammenkünfte in den Jahren 1812, 1815 und 1829 können die Kluft nicht überbrücken. Das letzte Treffen verläuft harmonisch; offenkundig ist die Philosophie dabei völlig ausgeklammert worden. – Schon in der Anfangsphase in München nimmt Schelling Kontakt auf mit Franz von Baader, einem Philosophen und Mediziner, der 1798 begeistert auf die Weltseelen-Schrift reagiert hatte und sich mit Nachdruck für das Denken Jakob Böhmes einsetzt. Die mystisch-theosophische Ausrichtung Baaders verstärkt analoge Tendenzen in Schelling, die schon in Würzburg zutage traten. Nach Spinoza und Giordano Bruno gewinnt nun der Mystiker und Theosoph Jakob Böhme maßgeblichen Einfluss auf die Schellingsche Philosophie. Am Ende der polemischen Schrift gegen Fichte nimmt Schelling gleichsam Abschied von der bisherigen Form akademischer Gelehrsamkeit: *Der alte Vertrag unter den Gelehrten ist erloschen und bindet uns nicht mehr; denn sie haben ihn selbst durch ihr Tun an uns gebrochen, und es ist allewege ein neuer Bund. Jetzt hilft nicht mehr Wehren und Zudecken, denn die Frucht, die reif ist, bricht mit Macht an den Tag.*[41] Die Sphäre des Spirituellen und der esoterischen Religiosität gewinnt in zunehmendem Maße Gewalt über das Schellingsche Denken, ohne dass allerdings dessen Fundament, also Natur- und Identitätsphilosophie, aufgegeben wird. Man hat dies häufig nicht klar genug gesehen: Das früher Ausgeklammerte vertieft und vergeistigt die Naturphilosophie, die als solche bestehen bleibt. Die Wendung zur Religionsgeschichte und Religionsphilosophie zeichnet sich bereits 1804 ab, rückt aber erst seit 1806 in den Mittelpunkt des Denkens. Schelling bricht mit den alten Tabus der Gelehrten, indem er jene vom Rationalismus verächtlich behandelten Bereiche des Seins, unter anderem das Phänomen der Magie, in die philosophische Betrachtung einbezieht und derart dem «kulturellen Untergrund» entreißt.

Unter den Anhängern Schellings hebt sich die Gestalt Gotthilf Heinrich Schuberts hervor, der ihm noch aus der Jenaer Zeit verbunden ist. Schubert veröffentlicht im Jahre 1808 seine «Ansichten von der Nachtseite der Naturwissenschaft», 1814 «Die Symbolik des Traumes». Beide Werke haben der Tiefenpsychologie und Traumforschung des 20. Jahrhunderts entscheidend vorgearbeitet. Ein weiterer Schelling-Schüler von Rang ist der Mediziner Lorenz Oken, der mit Schubert viele Gemeinsamkeiten aufweist. Schubert wirkt seit 1809 in Nürnberg, seit 1819 in Erlangen. – Ein Wiedersehen Schellings mit August Wilhelm Schlegel im Dezember 1807 verläuft ohne Spannungen; alte Beziehungen zu Ludwig Tieck und Johann Wilhelm Ritter werden erneuert. Bei Tieck macht Schelling die Bekanntschaft von Clemens Brentano und seiner Schwester Bettina, die später Achim von Arnim heiratet. Caroline und Bettina finden kein Verhältnis

45

zueinander, auch ist Bettina offenkundig abgestoßen von der Art, wie das Ehepaar Schelling auftritt, von der nahezu abgöttischen Verehrung, welche Caroline ihrem Mann gegenüber zu erkennen gibt. Schelling hatte seit seiner Jenaer Lehrtätigkeit ein ausgeprägtes philosophisches Sendungsbewusstsein, das er keineswegs zu verhehlen trachtete; dies wurde von vielen als Überheblichkeit und Arroganz gewertet. Hinzu kam die kompromisslose Schärfe seiner Polemik, wenn er sich angegriffen fühlte. Die Abneigung gegen Schelling behält auch die spätere Bettina von Arnim in ihren Berliner Jahren bei. Dessen ungeachtet muss in der Rückschau auf die romantische Bewegung als Ganzes gesagt werden, dass sowohl Schelling als auch Bettina von Arnim, auf jeweils anderer Ebene, den utopischen Impuls der Frühromantik weiterzutragen vermochten.

Im Frühjahr 1809 erscheinen die *Philosophischen Untersuchungen über das Wesen der menschlichen Freiheit,* die an anderer Stelle eingehend zu behandeln sein werden. – Am 7. September 1809 stirbt Caroline, wodurch Schelling in eine existentielle Krise gestürzt wird, von der er sich nur langsam erholen kann. Mit dem Urphänomen des Todes und der Fortdauer des Menschen nach dem Tode setzt er sich in der Schrift *Clara oder über den Zusammenhang der Natur mit der Geisterwelt* sowie in den Stuttgarter Privatvorlesungen (1810) auseinander. Der Tod wird für Schelling zur Wiederherstellung der eigentlichen Wesenheit des Menschen, zum Übergang in eine höhere Potenz; was nach dem Tode fortlebt, ist die von allen Schlacken des Zufälligen und Erscheinungsgebundenen befreite Individualität in konzentriertester Form. An die Stelle des Gedankens der Wiederverkörperung (Palingenesie) treten Spekulationen über ein Stufenreich der Bewusstseins- und Realitätsgrade nach dem Ableben.

Von Januar bis Oktober 1810 hält sich Schelling in Stuttgart auf; nach München zurückgekehrt, beginnt er die Arbeit an den *Weltaltern*, die unvollendet bleiben und erst im Nachlass veröffentlicht werden. Zwar kündigen Messekataloge das Erscheinen der *Weltalter* bei Cotta in Tübingen bereits 1811 an, andere Ankündigungen folgen – doch die Publikation bleibt aus. Die Gesamtanlage des Werkes, die Spannweite und Tiefe seiner Thematik legen den Gedanken an eine prinzipielle Unvollendbarkeit nahe. Was Schelling hier denkerisch zu bewältigen versucht, ist nichts Geringeres als die Geschichte der Selbstoffenbarung Gottes in der Welt. Schon in den Stuttgarter Privatvorlesungen klingt das Grundthema an: *Wir können nun zum voraus sagen, dass eigentlich der ganze Prozess der Weltschöpfung, der noch immerfort der Lebensprozess in der Natur und in der Geschichte – dass dieser eigentlich nichts anderes als der Prozess der vollendeten Bewusstwerdung, der vollendeten Personalisierung Gottes ist.*[42] Schöpfung als Bewusstwerdungsprozess des Göttlichen, als Entfaltung des Absoluten in der Zeit, an deren Ende die Aufhebung des Unbewussten (im Göttlichen und in der Natur) steht bzw. dessen Zurückbindung in die Einheit– so stellt sich, formelhaft verkürzt, die Schellingsche Grundkonzeption dar. Die *Weltalter* sind die Perioden oder Stufen der göttlichen Selbstoffenbarung, geboren aus dem Urwiderspruch im Absoluten vor aller Zeit, die sich als Zeit manifestieren. Damit hoffte Schelling, Wirklichkeit und Wirksamkeit des Göttlichen im Weltprozess sinnfällig zu machen, wobei sich dieser zunehmend auf den Geschichtsprozess verkürzt. Das Gestirn Erde wird zum Schauplatz des gottgewirkten Geschehens, der Kosmos als Ganzes wird eigentümlich in den Hintergrund gerückt, das Universum, noch im Jahre 1804 ein Objekt höchster Bewunderung, erscheint nunmehr als etwas dem Menschen Fremdes, als das *falsch Erhabene,* wie es in der Einleitung zur *Philosophie der Mythologie* heißt.[43] Gerade in der *Kontraktion,* in der Zusammenziehung und Beschränkung auf die Endlichkeit sieht Schelling seit den *Weltaltern* die Realität des göttlichen Wirkens. Dieser Schellingsche «Geozentrismus» bedingt eine Wendung zur konkreten Geschichte, die zunehmend als Religionsgeschichte verstanden wird. – Die gedanklichen Parallelen zu Hegel sind unverkennbar, doch werden auch die Differenzen deutlich: Hegels Konzeption klammert die Dimension des Irrationalen, des Unbewussten und Spirituellen aus; nur dies ermöglicht ihm die konstruktive Lösung einer schon im Ansatz gleichsam eindimensionalen Aufgabe. Für Schelling ist der Hegelsche Rationalismus ein monströser Irrweg, die Verzerrung und Verunstaltung seiner (also Schellings) Philosophie.

Nur das erste Buch der *Weltalter* wird in wiederholten Ansät-zen und Entwürfen ausgearbeitet; schließlich münden die Kerngedanken in die *Philosophie der Mythologie* und die *Philosophie der Offenbarung* – Werke, die je nach Blickwinkel als Symptome der Vollendung oder aber des Scheiterns und der Ohnmacht des Schellingschen Denkens gedeutet werden können.

1811/12 kommt es zu einer scharfen Kontroverse mit Friedrich Heinrich Jacobi, der in Schelling den Protagonisten einer pantheistischen, potentiell atheistischen Philosophie bekämpft, welche die Freiheit des Menschen leugnet. 1811 erscheint die Schrift «Von den göttlichen Dingen und ihrer Offenbarung», ein Frontalangriff auf die Schellingsche Philosophie. Jacobis Ausgangspunkt ist die prinzipielle Unerkennbarkeit des Göttlichen; dieses müsse von jeder Verbindung mit der Natur ferngehalten werden. Die These Schellings, dass sich Gott in der Natur manifestiere und dass diese Manifestation dem philosophischen Erkennen zugänglich sei, wird als Hybris und Anmaßung schroff zurückgewiesen. Schelling reagiert binnen weniger Wochen auf den Angriff; er veröffentlicht die Kampfschrift *Denkmal der Schrift von den göttlichen Dingen etc. des Herrn Friedrich Heinrich Jacobi*. Hier wird die Position Jacobis in höchst zugespitzter Polemik, stilistisch glanzvoll, als unhaltbar herausgestellt. Der Streit verursacht große Erregung, wie unter anderem aus dem Briefwechsel Schellings mit seiner Freundin (und späteren Ehefrau) Pauline Gotter hervorgeht. In einem ihrer Briefe heißt es: «Welche Sensation erregt Ihr Buch, bester Schelling! In Jena hat es eine solche Bewegung in die Gemüter gebracht, dass seit seiner Erscheinung an nichts anderes gedacht, von nichts anderem geredet, nur für und wider gestritten wird. Der größte Teil schlägt sich mit Feuer und Flamme zu Ihrer Fahne, und nur wenige ergreifen Jacobis Partei. Auch Goethe soll sich freuen, dass die Wahrheit siegt.»[44] Goethe ergreift öffentlich nicht eindeutig Partei, obwohl er die Schellingsche Position teilt. An Jacobi schreibt er: «Ich würde die alte Reinheit und Aufrichtigkeit verletzen, wenn ich Dir verschweige, dass mich das Büchlein ziemlich indisponiert hat.»[45] Das «Büchlein» ist die Streitschrift gegen Schelling. Jacobi selbst reagiert empört und verletzt; an Fries schreibt er: «Ich werde dem Nichtswürdigen nichts antworten; alle meine hiesigen Freunde sind der Meinung, dass ich es ohne Verletzung meiner Würde nicht könne.»[46] Viele, die in der Sache mit Schelling konform gehen, kritisieren die ungewöhnliche Schärfe seiner Polemik. In einem Brief an Georgii schreibt Schelling dazu: *Was mich eigentlich antrieb, und, wenn Sie wollen, in eine Begeisterung des Zorns versetzte, ist die nach-*

teilige Wirkung dieses Mannes in bezug auf religiöse Überzeugung. Gerade diese Lau- und Halbheit ist es, durch welche unser Zeitalter zu Grunde gegangen.[47] Innerhalb des Schellingschen «Lagers» zeigt sich nur Henrik Steffens einschränkungslos begeistert von der Schrift gegen Jacobi: Schelling habe «nie etwas Tieferes und zugleich Klareres geschrieben»[48].

Am 11. Juni 1812 heiratet Schelling die vierzehn Jahre jüngere Pauline Gotter, die Tochter eines Jugendfreundes von Goethe, die auch Schellings erster Frau Caroline freundschaftlich verbunden war. Am 17. Dezember 1813 wird der erste Sohn geboren. – Die Vollendung der *Weltalter,* häufig angekündigt, kommt nicht zustande; eine neu gegründete Zeitschrift (*Allgemeine Zeitschrift von Deutschen für Deutsche*) erweist sich als erfolgloses Unternehmen. Der am 12. Oktober 1815 in der Bayerischen Akademie der Wissenschaften gehaltene Vortrag *Über die Gottheiten von Samothrake* gibt sich als *Beilage zu den Weltaltern,* die gar nicht vorliegen. Die hier eingeleitete religionsphilosophische Interpretation des griechischen Mythos nimmt bereits Gedanken der *Philosophie der Mythologie* vorweg.

Es wird still um den einst gefeierten Philosophen; mehr und mehr zieht sich Schelling zurück, das von ihm Geschriebene genügt den eigenen Ansprüchen nicht mehr und bleibt daher fragmentarisch und unveröffentlicht. Zudem zerschlagen sich seine Hoffnungen, in Jena bzw. Tübingen eine Professur anzutreten. Auch die jahrelange Freundschaft mit Baader kühlt sich ab; selbst den Freunden und Vertrauten, soweit sie noch vorhanden sind, bleibt dunkel, was Schelling im Letzten will, worauf sein Denken hinausläuft. Die Missverständnisse häufen sich und vergrößern die Einsamkeit Schellings. Als Schubert allen Ernstes fragt, ob er zum Katholizismus übergetreten sei, bekundet

Schelling sein Befremden und seine Enttäuschung. – Nicht nur die philosophische, auch die politische Haltung Schellings bleibt vielfältigen Fehldeutungen ausgesetzt. Zwar lehnt er jedwede Form des gewaltsamen Umsturzes ab, weil dies seiner Vorstellung von historischer Entwicklung zuwiderläuft, aber das macht ihn nicht zum Reaktionär, wie man es zuweilen sehen will. Er weist die reaktionären Karlsbader Beschlüsse von 1819 zurück, wendet sich aber auch gegen die von ihnen Betroffenen; hinter deren Opposition glaubt er *die dürren alt jakobinischen Ansichten und die seichte Aufklärung* wahrzunehmen, *die alles Tiefere in Wissenschaft, Religion und Staat vertilgen möchte.*[49]

Im Spätherbst 1820 schließlich verlässt er München und geht nach Erlangen, wo er die Stellung eines Honorarprofessors einnimmt, also keinen festen Lehrverpflichtungen unterworfen ist. Er bleibt sieben Jahre, erneuert alte Verbindungen (etwa mit Schubert) und erwirbt neue Schüler. Vorlesungen werden nur in den Jahren 1821 bis 1823 gehalten. Schelling gibt einen der *Weltalter-Entwürfe* bekannt; im Sommersemester 1821 liest er über die *Philosophie der Mythologie,* ein Jahr später erfolgen die Vorlesungen zur Philosophiegeschichte, in denen er unter anderem seine eigene Naturphilosophie als nunmehr historisches Phänomen darstellt und aus den Fragestellungen der nachkantischen Zeit heraus entwickelt. Zu seinen Schülern in Erlangen gehört August Graf von Platen-Hallermünde, der als Dreiundzwanzigjähriger nach Erlangen gekommen war (1819) und hier zu einem begeisterten Anhänger Schellings wurde. Er widmet dem verehrten Lehrer sein erstes Drama, bei dessen Uraufführung dieser zugegen ist. In seinem Tagebuch berichtet Platen über die ersten Vorlesungen Schellings im Januar 1821: «Dieser außerordentliche Mann verbreitet ein reiches, unabsehbares

Leben über die ganze Universität. Sein erstes Collegium nach vierzehnjährigem Stillschweigen hielt er am 4. Januar (1821) noch im glückschen Hörsaale, der aber die Menge nicht fassen konnte. Er liest von 5 Uhr des Abends an bis 6 oder 7 Uhr. Lange vor 5 Uhr waren alle Bänke voll Sitzender und alle Tische voll Stehender. Das Gedränge an der Tür war so groß, dass sie ausgehoben wurde. Viele, die nicht mehr hereinkonnten, hielten die Gangfenster offen, um von außen her zuzuhören. Fast alle Professoren waren gegenwärtig. Endlich kam er, und die Eintrittsrede, die er hielt, bezog sich auf seine bisherigen Verhältnisse, auf seine in der Stille gepflogenen Forschungen in München, und sein Verlangen wieder öffentlich aufzutreten. Sodann begann er die Einleitung zu seinem Vortrage, den er als ‹initia universae philosophiae› (Anfangsgründe der allgemeinen Philosophie) angekündigt. Den folgenden Tag beschloss er diese Einleitung und sprach von den Forderungen, die er an seine Zuhörer mache. Er machte kein Geheimnis daraus, dass es Seelenstärke und Anstrengung erheische, seinem Ideengange zu folgen und das Ganze als Ganzes zu überschauen.»[49]

Die Erlanger Jahre haben Interimscharakter. Die fehlende Verpflichtung zur regelmäßigen Vorlesungstätigkeit lässt in ihm, wie aus einem Brief an seinen Bruder hervorgeht, nicht das Gefühl aufkommen, wirklich ein akademisches Lehramt auszuüben. Diese Möglichkeit eröffnet sich erst wieder, als er 1827 einen Ruf an die Münchener Universität erhält. König Ludwig I. von Bayern, seit Oktober 1825 an der Regierung, verlegt die Landesuniversität im Jahre 1826 nach München. Er gilt als Romantiker und Philhellene; Baader, Thiersch, Oken, Schubert, Puchta, Döllinger und Görres werden berufen. Schelling wird am 11. Mai 1827 Generalkonservator der staatlichen wissenschaftlichen Sammlungen; am 26. November desselben Jahres hält er seine Antrittsvorlesung an der Universität. – Schellings zweiter Aufenthalt in München dauert bis zum Herbst 1841; es sind Jahre vielfältiger und weitgespannter Wirksamkeit. Er wird Mitglied der Kommission, die unter dem Vorsitz des Kultusministers von Schenk den bayerischen Schulplan entwirft. Er setzt sich mit Nachdruck für klassische Bildung an den Schulen und die akademische Freiheit ein und bekämpft den Studienzwang in jedweder Form. Er liest über die Geschichte der neueren Philosophie sowie über die *Philosophie der Mythologie* und *Philosophie der Offenbarung.* Wie bei den *Weltaltern,* so kündigt er erneut Veröffentlichungen an, die nicht zustande kommen: so diejenige der *Historisch-kritischen Einleitung in die Philosophie der Mythologie,* gehalten im Sommersemester 1828 und im Wintersemester 1828/29. Das Konzept liegt seit 1830 geschlossen vor, erscheint aber erst im Nachlass. – Schellings Einfluss und Ansehen ist beträchtlich: So trägt er etwa durch eine politische Rede am 29. Dezember 1830 mit dazu bei, viertägige blutige Studentenunruhen zu beenden und eine Schließung oder Verlegung der Universität zu verhindern. Die Akademie der Wissenschaften hält zweimal im Jahre öffentliche Sitzungen ab, die Schelling als Vorstand (bis 1840) jeweils durch eine Rede eröffnet. 1833 wird er zum Ritter der französischen Ehrenlegion und neben Savigny und Schleiermacher zum Korrespondierenden Mitglied der Pariser Akademie der Wissenschaften.

Seine wohl bedeutsamste Festrede hält Schelling am 28. März 1832; ihr Thema ist die Entdeckung der elektromagnetischen Induktion durch Michael Faraday. Schelling begrüßt die experimentellen Ergebnisse Faradays als eine Bestätigung der naturphilosophischen Überzeugung, dass Magnetismus und

Elektrizität nur verschiedene Erscheinungsformen derselben physikalischen Kraft seien. Diese These findet sich im *Ersten Entwurf eines Systems der Naturphilosophie* von 1799. Auch unter Berücksichtigung des Umstands, dass der Entdecker des Elektromagnetismus, der dänische Physiker Hans Christian Ørsted, ein Anhänger der Naturphilosophie war, erscheint es nicht übertrieben, in Schelling den geistigen Wegbereiter der elektromagnetischen Feldtheorie zu sehen.

Schellings Vorlesungen *Zur Geschichte der neueren Philosophie,* eine veränderte Fassung der Erlanger Vorlesungen über dieses Thema, geben einen Überblick über die Entwicklung des philosophischen Denkens von Descartes bis zu Hegel. Die eindrucksvollsten Passagen betreffen die Philosophie Kants, die Genesis der Schellingschen Naturphilosophie und die Auseinandersetzung mit Hegel. Die Kant-Kritik Schellings hat nicht jene Würdigung erfahren, die ihrer Bedeutung entspricht: Voraussetzungen und Widersprüche der «Kritik der reinen Vernunft» werden präzise herausgearbeitet. Nur in Schopenhauers «Kritik der Kantischen Philosophie», als Anhang zur «Welt als Wille und Vorstellung» herausgebracht, begegnen wir einem vergleichbaren gedanklichen und sprachlichen Niveau der Kant-Kritik. Schellings Kritik an Hegel konzentriert sich auf den Vorwurf der Gleichsetzung von Wirklichkeit und Logik. Hegel habe einige der zentralen Gedanken der Schellingschen Philosophie übernommen, diese jedoch durch den ausschließlichen Bezug auf reine Begrifflichkeit und Logik ihrer Bedeutung entkleidet. Schelling bezieht sich hier vornehmlich auf die von ihm stammende Erkenntnis, dass der Prozess des Werdens in Natur und Geschichte von dem Prinzip der Polarität und Steigerung vorangetrieben werde. *Die Übertragung des Begriffs Prozess auf die* dialektische Fortbewegung, wo gar kein Kampf, sondern nur ein eintöniges, beinahe einschläferndes Fortschreiten möglich ist, gehört daher zu jenem Missbrauch der Worte, der bei Hegel allerdings ein sehr großes Mittel ist, den Mangel des w a h r e n L e b e n s zu verbergen.[50] Wenig später heißt es: *Die Identitätsphilosophie war mit der ersten Schritten in der Natur, also in der Sphäre des Empirischen und somit auch der Anschauung. Hegel hat über der Naturphilosophie seine abstrakte Logik aufbauen wollen. Allein er hat dorthin die Methode der Naturphilosophie mitgenommen; es ist leicht zu erachten, welche Erzwungenheit dadurch entstehen mußte, daß er die Methode, welche durchaus Natur zum Inhalt und Naturanschauung zur Begleiterin hatte, ins b l o ß Logische erheben wollte.*[51] Schelling meint, Hegel komme das Verdienst zu, den bloß logischen Charakter aller rationalen Philosophie erkannt zu haben; er sei aber außerstande gewesen, die Negativität und Ergänzungsbedürftigkeit des reinen Denkens zu erfassen, habe dieses vielmehr mit dem Fortschreiten im realen Werden gleichgesetzt. Auch sein eigenes früheres Denken betrachtet Schelling nunmehr als *negative,* wenn auch als solche notwendige Philosophie. Die Entwicklung der Philosophie vom Rationalismus zur echten Seins- und Wirklichkeitserkenntnis, damit also zur *positiven* Philosophie, glaubt Schelling in der *Philosophie der Offenbarung* zumindest annäherungsweise geleistet zu haben. Die Hegelsche Philosophie wird als bloße *Episode* gewertet, als *Rückschritt* in die Scholastik, als System reiner Fiktionen ohne Wirklichkeitsbezug. Den Hegelschen Anspruch der Voraussetzungslosigkeit im Begriff des «reinen Seins» zu Beginn der «Logik» weist Schelling als unhaltbare Behauptung zurück. In der *Einleitung in die Philosophie der Offenbarung* – im Untertitel als *Begründung der positiven Philosophie* bezeichnet – schreibt er: *Das Wort Dogmatismus hat freilich schon von Kant her einen übeln Klang, und vollends in Folge jenes logischen Dogmatismus, den später Hegel auf den bloßen abstrakten Begriff gründen wollte, der von allen der widerwärtigste, weil der kleinlichste ist, wogegen der Dogmatismus der alten Metaphysik noch immer etwas Großartiges hat.*[52]

Nach der Juli-Revolution von 1830 und den nachfolgenden politischen Aktivitäten des liberalen Bürgertums versucht man in Bayern, die Restauration des alten, feudal-absolutistischen Regimes verstärkt voranzutreiben. Seit 1837 wird auch die Universität der strengen Kontrolle des Staates unterworfen, die Religionstoleranz den Protestanten gegenüber erheblichen Einschränkungen unterworfen. Auch das sehr gute Verhältnis zum Kronprinzen, dem späteren König Maximilian II., den Schelling von 1835 bis 1840 in Philosophie unterrichtet, kann seine zunehmende Entfremdung von Bayern und München nicht mildern. Schon 1834 versuchen Wilhelm von Humboldt und Karl Freiherr von Bunsen, Schelling an die Berliner Universität zu holen. Doch erst mit dem Regierungsantritt Friedrich Wilhelms IV. von Preußen, auf den viele große Hoffnungen setzen, ist eine Möglichkeit gegeben, Schelling zu berufen. Das Berufungsschreiben Bunsens an Schelling vom 1. August 1840 spiegelt die mit Schelling verbundenen Erwartungen des Königs. Bunsen schreibt: «Der König fühlt, noch tiefer und stärker denn er als Kronprinz empfand, das Elend, worin Stillstand und Versumpfung alles realen Lebens in Staat und Kirche, und der Übermut und Fanatismus der Schule des leeren Begriffs das teure Vaterland gestürzt ... Er bedachte – um mich seiner eigenen, noch vor wenigen Monaten brieflich ausgesprochenen Worte zu bedienen – ‹die Drachensaat des Hegelschen Pantheismus, der flachen Vielwisserei und der gesetzlichen Auflösung häuslicher Zucht, deren Ernte in jene Tage fallen muß».»[53] Schelling soll helfen, der «Drachensaat» zu begegnen, die vorhandenen Keime zum Besseren zumal in der akademischen Jugend zur Entfaltung zu bringen. Demnach wird ihm vom König eine eminent politische Funktion zugedacht. «Indem er [der König] ein so hohes und heiliges Werk beginnt, sind seine Augen ganz besonders auf Sie gerichtet. Er wünscht Sie in seiner Nähe zu haben, um persönlich von Ihrer Weisheit zu schöpfen, an Ihrer Erfahrung und Charakterstärke sich stützen zu können. Er wünscht Sie an seiner Universität als den Lehrer der Zeit ... »[54]

Die Nachricht, Schelling werde kommen, stiftet Unruhe und Aufsehen in Berlin, gespannte Erwartung, aber auch spöttische Distanz. Die auf ihn konzentrierten Hoffnungen, und zwar durchaus nicht nur der Gegner der Hegelschen Philosophie, sind eigentümlich «überdimensioniert». Die Berufung des einstigen Lehrers und Freundes von Hegel an die Berliner Universität, zehn Jahre nach Hegels Tod, ist ein kulturpolitisches Ereignis ersten Ranges, was selbst Gegner Schellings nicht leugnen können, wie aus den erhaltenen Briefen und Dokumenten hervorgeht. Die Wortführer der «Drachensaat des Hegelschen Pantheismus», die Hegelianer «linker» oder «rechter» Couleur, als deren «Bändiger» Schelling vorgesehen ist, zeigen eine ambivalente Haltung, sind nicht pauschal und undifferenziert auf eine «Anti-Schelling-Haltung» eingeschworen. Man verhält sich zunächst abwartend, zumal Schelling zu verstehen gibt, er werde keineswegs die Hegelsche Philosophie attackieren. – Im Herbst 1841 kommt Schelling nach Berlin, und fast auf den Tag genau ein Jahrzehnt nach dem Tode Hegels, am 15. November 1841, hält er seine Antrittsrede. Unter den Zuhörern sind Friedrich

Engels und Sören Kierkegaard, Michail Bakunin und Henrik Steffens. Aus Briefen, Tagebuchaufzeichnungen sowie Hörerberichten und Zeitschriftenartikeln kann man sich ein recht klares Bild von der Wirkung machen, die Schellings erster Vorlesungszyklus 1841/42 über die *Philosophie der Offenbarung* auslöste. Schelling tritt mit dem ihm eigenen Selbstbewusstsein auf, gibt sich als Vollender aller bisherigen Philosophie. Dies stößt nicht wenige ab oder fordert ihren Spott heraus. Auch Wohlwollende werden zunehmend abgeschreckt, und die Zahl der Zuhörer, anfänglich sehr hoch, nimmt ständig ab. Dennoch wirken die Schellingschen Vorlesungen ungemein belebend auf das geistige Leben Berlins; eine Vielzahl von Veröffentlichungen zum Thema Schelling-Hegel erscheint.

Ein scharfer Kritiker ist der Linkshegelianer Arnold Ruge; dieser schreibt schon im Februar 1841 an Moritz Carriere: «Die Blamage ist kläglich und wird sehr gründlich werden, wenn die Hegelianer die Gelegenheit gut auskaufen, was wohl nicht fehlen kann. Ich hoffe nicht, dass hier das unglückliche Gerede von Pietät Platz greifen wird. Schellings Charakter verdient keine Pietät, und seine Richtung erfordert wissenschaftliche Negation bis auf den Tod. Er ist ein unverschämter Revenant und der eklatanteste Abfall von der Philosophie überhaupt.»[55] Das Negativurteil über den späten Schelling wird von vielen geteilt und hat auch die Philosophiehistorie maßgeblich beeinflusst. Erst seit dem Jahre 1955 zeichnet sich hier eine gewisse Wendung ab, deren Breitenwirkung gleichwohl gering ist. Die Wirkung der Spätphilosophie im 19. Jahrhundert basiert vornehmlich auf der unautorisierten Nachschrift des Schellingschen Kollegs von 1841/42, die H. E. G. Paulus 1843 herausgibt. Schelling geht gerichtlich gegen Paulus vor, aber er verliert den Prozess. Zunehmend verbittert und zudem in seiner Gesundheit beeinträchtigt, gibt er 1846 seine Vorlesungstätigkeit auf; bis 1852 hält er danach noch vereinzelte Vorträge in der Berliner Akademie der Wissenschaften. Schellings Vorlesungen müssen im Ganzen als Misserfolg bewertet werden, jedenfalls was die erwartete Wirkung anbelangt. Den unerhört schwierigen und vergrübelten Deutungen des Mythos und der christlichen Religion vermochten nur die wenigsten wirklich zu folgen, obwohl die Vorlesungen geniale Einzelpassagen enthalten, stilistisch glanzvoll und verblüffend «modern». Auch ist die hier zutage tretende «Synthese von Hegel und Schopenhauer», die Eduard von Hartmann als erster zu erkennen vermochte, ein faszinierender Forschungsgegenstand. (Den beginnenden Ruhm Schopenhauers hat Schelling nicht mehr zur Kenntnis genommen; in seinem gesamten Werk findet sich kein einziger Hinweis, der auf eine Kenntnis der Schopenhauerschen Schriften schließen lässt.) Begriffe und Gedanken der Existenzphilosophie und der Psychoanalyse, der Dionysos Lehre Nietzsches und der Mythenforschung des 20. Jahrhunderts lassen sich in den Spätschriften Schellings auffinden. Die eingehende Erforschung dieser Zusammenhänge steht erst in den Anfängen.

Zunächst jedoch, und auf Jahrzehnte hinaus, wurde die Schellingsche Spätphilosophie als eine Art Kuriosum bewertet; und viele dachten ähnlich wie Jacob Burckhardt, der im Juni 1842 geschrieben hatte: «Schelling ist Gnostiker im eigentlichen Sinne des Wortes, so gut wie Basilides. Daher das Unheimliche, Monströse, Gestaltlose in diesen Teilen seiner Lehre ... Es wird selbst den Berliner Studenten nach und nach unmöglich werden, diese furchtbare, halbsinnliche Anschauungs- und Ausdrucksweise auszuhalten. Es ist entsetzlich, eine lange geschichtliche Auseinandersetzung der Schicksale des Messias anzuhören, welche episch gedehnt und verwickelt und dennoch ohne alle Gestaltung ist.»[56]

Die letzten Lebensjahre Schellings sind neben der philosophischen Arbeit ganz der Familie und dem Freundeskreis gewidmet, dem Persönlichkeiten wie Steffens, die Brüder Grimm sowie Heinrich Pertz und Leopold von Ranke angehören. Der preußische Geist, der Berlin beherrschte, ist ihm stets fremd geblieben. Sein eigentliches Refugium bleibt die Philosophie, und er arbeitet unermüdlich an der Vollendung seines Werkes. Dass ihm diese nicht gelingt, kann als «Tragik» gewertet werden, wie es auch wiederholt geschehen ist. Die Spannweite und Tiefe seines Spätwerks jedenfalls blieb den Zeitgenossen verborgen. Wegen eines Katarrhs tritt er 1854 eine Reise in die Schweiz an, von der er nicht zurückkehrt. Schelling stirbt am 20. August 1854 in Bad Ragaz.

Die Philosophie der Natur

Abgrenzung
und
Protest

Ich will hier bemerken, daß mein Hauptirrtum in bezug auf das Zeitalter eigentlich darin beruht, daß ich die Natur nicht mechanisch, sondern dynamisch ansehe. Könnte man mich nur davon überzeugen, daß sie im bloßen Mechanismus besteht, so wäre meine Bekehrung sogleich vollbracht; dann ist die Natur unleugbar tot, und jeder andere Philosoph kann recht haben, nur ich nicht. Nach dieser mechanischen Ansicht ist nun seit Descartes alle herrschende Philosophie gemodelt; auf eine dynamische lebendige Natur ist in ihr gar nicht gerechnet, und diese kommt daher aller schon vorher da und abgeschlossen gewesenen Philosophie höchst ungelegen. Da also der Streit der letzten gegen die Naturphilosophie im Grunde ein Streit der Mechanik gegen die Dynamik ist, so begibt sich jene in einen ungleichen und von ihrer Seite höchst unvorsichtigen Kampf. Denn es kann wohl geschehen (wie es schon geschehen ist), daß sie durch die Physik widerlegt wird und der Erfahrung weichen muß, da sie der Vernunft nicht weichen wollte. – So ergeht es jetzt eben Herrn Fichte. Er ist in der Physik, wie in der Philosophie, ein bloßer Mechaniker; nie hat eine Ahnung vom dynamischen Leben seinen Geist erleuchtet. Mit dieser mechanischen Ansicht ausgerüstet, will er nun die Sache der Physiker in einem Augenblick führen, wo sie selbst großenteils aufgehört haben, Mechaniker zu sein.[57] Die Schrift, aus welcher die vorstehenden Sätze stammen, ist die *Darlegung des wahren Verhältnisses der Naturphilosophie zu der verbesserten Fichteschen Lehre* von 1806, die den öffentlichen Bruch mit Fichte darstellt. Ihr kommt eine Schlüsselfunktion für das Verständnis der Schellingschen Naturphilosophie zu.

Schelling hatte 1801 den ersten Entwurf der Identitätsphilosophie vorgelegt, diesen in selbstbewusster Abgrenzung von Fichte *Darstellung meines Systems der Philosophie* genannt. Damit war die innere Unvereinbarkeit seines Denkens mit dem Fichteschen Idealismus offen zutage getreten, im Grunde nur eine Entwicklung zu einem vorläufigen Abschluss gelangt, die sich in den ersten naturphilosophischen Schriften bereits andeutet. War es Schelling zunächst wohl nur darum gegangen, wie er später schreibt, *den Fichteschen Idealismus mit der Wirklichkeit auszusöhnen* [58], so folgte aus der Weiterführung dieses Ansatzes eine Verschiebung und schließlich Überwindung seines «Fichteanismus». Die nach 1801 einsetzende, sich zunehmend verschärfende Polemik Fichtes gegen die Naturphilosophie Schellings und seiner Anhänger bedient sich eines Argumentationsmusters, das sich in sonderbarer Kontinuität bis in unsere Zeit erhalten hat. Fichte wirft Schelling einen Rückfall in den vorkantischen Dogmatismus vor; die Naturphilosophie münde in «Schwärmerei» sei ihrem Wesenskern nach unwissenschaftlich, überspringe die Ergebnisse der Erfahrungswissenschaften auf spekulative Weise , führe schließlich zur unkritischen Ästhetisierung und «Vergöttlichung» der Natur. Die Argumentation läuft darauf hinaus, die mathematische Naturwissenschaft in ihrer Präzision und Voraussagekraft gegen die Naturphilosophie auszuspielen, die der quantifizierenden Abstraktion zu entbehren glaubt und im Qualitativen verbleibt. Fichte ist dem seit dem 17. Jahrhundert dominierenden Wissenschaftsideal verpflichtet, dessen metaphysische (apriorische) Grundlegung Kant zu leisten suchte. Der Ansatz Galileis bestand in der konsequenten Ausschaltung aller qualitativen Eigenschaften der Natur, ihrer wissenschaftlichen Diffamierung als «subjektiv» oder «unwissenschaftlich». Richtungweisend war die Überzeugung von der konstitutiven Kraft eines pythagoreisch-platonisch verstandenen Zahlenreiches auf dem Grunde des Kosmos; dieses wurde als Ziel und Maßstab der wissenschaftlichen Naturbetrachtung gesetzt. Die Galileische Verbindung von «Positivismus» – also Beschränkung auf beobachtbare und messbare Größen – und «Platonismus» in dem skizzierten Sinne erwies sich als eminent erfolgreich. Ihrer Suggestiv- und Durchschlagskraft konnte sich auch die Philosophie nicht entziehen. Dies zeigt sich an Descartes genauso wie an Kant. Letzterer macht den jeweils erreichten Grad an mathematischer Abstraktion zum Maßstab für Wissenschaftlichkeit schlechthin. Ihm gilt die kausal-mechanische Verknüpfung der Erscheinungen als Verstandesgesetz und damit als unabdingbar für echte Erfahrungswissenschaft. – Primär polemisiert Schelling gegen den Dualismus des Descartes, der die Welt in Geist und Natur, Erkenntnis und Sein zerreißt. Natur ist für Descartes bloße Ausdehnung, materialisierte Geometrie und Mathematik, die menschliche Seele dagegen, unüberbrückbar getrennt von der toten Maschine des Universums, ausdehnungslose «denkende Sache» (res cogitans).

Um die geistesgeschichtliche Einordnung und Bedeutung der Naturphilosophie zu begreifen, muss man sich stets vergegenwärtigen, wogegen diese protestierte, wovon sie sich abzugrenzen versuchte. Auf eine Kurzformel gebracht: Schellings Protest richtet sich gegen die Abstraktion der mathematischen Naturwissenschaft, die der Natur das Leben raubt, und gegen eine auf die Zerreißung von Geist und Natur gerichtete Philosophie. Beide sind für ihn wesensverwandt, haben die gleichen Auswirkungen. Beide leugnen das lebendige Sein der göttlichen und geistdurchwalteten Natur und sind daher für Schelling Symptome der Wirklichkeitsfeindschaft. Fichte, dies ist der Kern der Kritik Schellings, macht sich zum Wortführer der naturfeindlichen

Tendenzen des Zeitalters, er ignoriert jene Ansätze in der Physik, die auf eine Überwindung der mechanistischen Naturbetrachtung gerichtet sind. Schelling geht von einem gänzlich andersartigen Physikverständnis aus, von einem lebendigen Begriff dessen, was Naturwissenschaft ist oder sein sollte. Er weist den Vorwurf der Unwissenschaftlichkeit und «Schwärmerei» entschieden zurück. *Wegen der Schwärmerei wird er selbst* (Fichte) *keine Ansprüche auf Originalität machen. Der große Haufe und die jeweiligen Gelehrten haben zu allen Zeiten alles Schwärmerei genannt, was sie nicht verstanden; und so wäre zu verwundern, wenn dasselbe nicht auch mit der Naturphilosophie oftmals geschehen wäre.*[59]

Man kann den Schellingschen Protest gegen die mechanistische Naturauffassung als einen letzten und ohnmächtigen Versuch des Denkens interpretieren, den sich anbahnenden Nihilismus aufzuhalten bzw. den nihilistischen Konsequenzen der mathematischen Naturwissenschaft auszuweichen. Man kann Schelling vorwerfen, wie dies auch Fichte indirekt tut, er habe die abstrakte Naturwissenschaft in ihrem Kern gar nicht verstanden, habe ein poetisches Analogiedenken an deren Stelle setzen wollen, das einer kritischen Prüfung nicht standhält. Diese Interpretation trifft zumindest einen Teilaspekt der Naturphilosophie, ist aber als Ganzes unhaltbar. Zunächst muss gesagt werden, dass die Vermittlungsform der Naturphilosophie nicht immer konform geht mit der Klarheit und Lebendigkeit der ihr zugrunde liegenden Gedanken. Von dem abstrakten «Begriffspanzer», der bekämpften Tradition seit Descartes hat sich Schelling nur partiell zu lösen vermocht. Einerseits schreibt er (1806): *Jene einfache Zeit ist nicht mehr, wo die Kantische Scholastik, zwar mit bleiernem Zepter, aber doch sanft einwiegend, die*

Köpfe beherrschte und das Andenken alles Lebendigen in der Wissenschaft verdrängte.[60] Andererseits zwängt auch er zuweilen den schöpferischen Neuansatz in das Korsett einer Sprache, der wiederholt der Vorwurf der «Scholastik» gemacht wurde. Nur in wenigen Passagen gelingt es ihm, die Bemühungen um eine Verlebendigung der Philosophie auch sprachlich adäquat umzusetzen; diese allerdings gehören zu den eindrucksvollsten Stücken deutscher Prosa. – Hinzu kommt der fragmentarische und vorläufige Charakter der Schelling-schen Schriften. In den Vorbemerkungen zur Freiheitsschrift von 1809 heißt es: *Anhänger im eigentlichen Sinn sollte zwar, so scheint es, nur ein fertiges, beschlossenes System haben können. Dergleichen hat der Verfasser bis jetzt nie aufgestellt, sondern nur einzelne Seiten eines solchen (und auch diese oft nur in einer einzelnen, z. B. polemischen, Beziehung) gezeigt; somit seine Schriften für Bruchstücke eines Ganzen erklärt, deren Zusammenhang einzusehen, eine feinere Bemerkungsgabe, als sich bei zudringlichen Nachfolgern, und ein besserer Wille, als sich bei Gegnern zu finden pflegt, erfordert wurde.*[61]

«Wir sehen eine Reihe naturphilosophischer Bücher und Abhandlungen in einem Zeitraum von neun Jahren (1797-1806) hervortreten, die keineswegs Glieder einer fortschreitenden Kette bilden, sondern die Sache immer von neuem in Angriff nehmen, die Grundgedanken wiederholen und ergänzen, das Schema modifizieren, selbst den Standpunkt der Betrachtung ändern ... Keine der naturphilosophischen Schriften bildet ein Ganzes in ausgeführter und gleichmäßig entwickelter Form, sie haben sämtlich den Charakter der Versuche, Entwürfe, Bruchstücke, nicht etwa so, dass die Ausführung um der Kürze willen unterbleibt; sie unterbleibt, weil die inneren Bedingungen zu eingehender Verdeutlichung fehlen. Schelling hat nie ein System der Naturphilosophie, sondern nur Skizzen gegeben, die wohl von der Idee eines Ganzen erfüllt waren, aber zur Lösung der Aufgabe kaum mehr enthalten als Anfänge.» (Kuno Fischer)[62] Dies führt auf die vieldiskutierte Frage, ob das Schellingsche Denken Brüche aufweise oder von innerer Einheitlichkeit geprägt sei. Zumindest für die Naturphilosophie, zu der Schelling in der Rückschau auch die Identitätsphilosophie rechnet, lässt sich ein ganzheitlicher Denkzusammenhang aufweisen, der um eine überschaubare Anzahl von Kerngedanken gruppiert ist. Diese Kerngedanken hat Schelling bis zu seinem Tode beibehalten, wenn sich auch deren Gewichtung und «Färbung» entscheidend veränderte.

Zunächst sei noch einmal auf die Schrift gegen Fichte eingegangen; der erwähnte «Protest» bedarf der Differenzierung. Schelling schreibt: ... *Diese objektive Welt, welche Fichte im Sinne hat, ist also nicht einmal ein totes; sie ist gar nichts, leeres Gespenst. Fichte möchte sie gerne vernichten, und doch zugleich auch erhalten, der moralischen Nutzanwendung zuliebe. Sie soll nur tot sein, damit auf sie gewirkt werden kann; daß sie aber etwa ganz verschwände, war keineswegs die Absicht.*[63] *Denn was ist am Ende die Essenz seiner ganzen Meinung von der Natur? Es ist die, daß die Natur gebraucht, benutzt werden soll, und daß sie zu nichts weiter da ist, als gebraucht zu werden; sein Prinzip, wonach er die Natur ansieht; ist das ökonomisch-teleologische Prinzip.*[64] *In älteren Systemen war es wenigstens die Offenbarung der Güte, Weisheit und Macht des ewigen Wesens, die als Urzweck der Natur zu Grunde gelegt wurde: im Fichteschen System hat sie diesen letzten Rest von Erhabenheit verloren, und ihr ganzes Dasein läuft auf den Zweck ihrer Bearbeitung und Bewirtschaftung*

durch den Menschen hinaus ... Die Naturkräfte sind nach dersel-
ben nur da (gemeint ist die Fichtesche Deduktion der Physik),
um menschlichen Zwecken unterworfen zu werden. Diese Unter-
werfung wird das einemal ausgedrückt als eine allmähliche Auf-
hebung und Vernichtung der (also doch wirklichen?) Natur durch
den Menschen – das anderemal als eine Belebung der Natur durch
das Vernunftleben; als wäre nicht jede Unterwerfung unter
menschliche Zwecke eine Tötung des Lebendigen, oder als könnte
belebt werden, was bloße Schranke sein soll. Um dieses Zweckes
willen ist Kenntnis der Gesetze, nach welchen jene Kräfte wirken,
d. h. Physik, notwendig.[65] In der Schellingschen Kritik wird Fichte zum Repräsentanten einer Auffassung von der Natur, die von
deren Unvernünftigkeit und Leblosigkeit ausgeht. Natur als to-
ter Rohstoff für Nützlichkeits- und Zweckrationalität, als Objekt
der Ausbeutung – damit ist der Kern der bürgerlich-privatkapi-
talistischen (aber auch der marxistischen) Naturauffassung bezeichnet. Die im Primat des ökonomischen Denkens in Erscheinung tretende *blindeste Verachtung aller Natur*[66] hat nach
Schelling sein Äquivalent in der mathematischen Naturwissenschaft und in der herrschenden Moral. Was die letztere betrifft,
so finden sich Aussagen, die wesentliche Positionen Nietzsches
vorwegnehmen. So weist Schelling nachdrücklich darauf hin,
dass die Vorstellung einer toten Natur als Ausbeutungsobjekt
eine Folge *aller bisher geltenden Moral* sei.[67] Die umfassende Na-
turbejahung Schellings führt zu einer schroffen Zurückweisung
der aus der abendländischen Naturfeindlichkeit erwachsenen
Moralbegriffe. Dies beinhaltet in gleicher Weise auch eine
Rechtfertigung des Vitalen, der Triebschichten im Menschen.

Was kritisiert Schelling an der mathematischen Naturwissenschaft? Im 18. und 19. Jahrhundert weist diese einen mecha-

nistisch-materialistischen Grundcharakter auf, der sich auch durch die «revolutionäre Wandlung» der Physik seit Einstein, Bohr und Heisenberg nur graduell geändert hat. Als Prototyp der mathematischen Naturwissenschaft galt die Newtonsche Mechanik, die auch heute noch als das präziseste und umfassendste System der Physik angesehen werden muss. Die «Newtonsche Mechanik», heute als «klassische Mechanik» bezeichnet, ist nicht durchgängig identisch mit den von Newton verkündeten physikalischen und naturphilosophischen Grundsätzen. Schelling war sich dieses Unterschiedes bewusst. Bedenkt man die Reichweite, Präzision und Voraussagekraft der Newtonschen Physik, insbesondere die großen Erfolge auf dem Gebiete der Himmelsmechanik, so könnte der Schellingsche Protest gegen eben diese Physik wie ein Rückzugsgefecht der Philosophie erscheinen. Der Siegeszug der kausal-mechanischen Betrachtungsweise der Natur war nicht aufzuhalten, ernst zu nehmende Alternativen vermochten auch die Philosophen nicht vorzulegen, und die spätere Hegelsche Naturphilosophie war für die Physiker ein willkommener Anlass, an einzelnen ausgesuchten Zitaten die Abstrusität dieser Art des spekulativen Denkens überhaupt darzulegen. Der bis heute vorherrschende Gegensatz zwischen spekulativer Metaphysik und streng erfahrungsbezogener Naturwissenschaft wurde zunehmend ins öffentliche Bewusstsein gezogen. Dieses Klischee hat die Einschätzung und Bewertung der Schellingschen Naturphilosophie bis heute belastet. Zunächst wäre der Kardinalirrtum zu korrigieren, die Spekulationen Schellings hätten die experimentellen Forschungsergebnisse der Naturwissenschaft ignoriert Stets hat sich Schelling für naturwissenschaftliche Erfahrung ausgesprochen, hat diese geradezu ermuntert und zu wiederholten Malen mit einem gewissen Stolz auf experimentelle Bestätigungen seiner naturphilosophischen Thesen verwiesen. Wogegen er primär angeht ist jene unkritische, dogmatische Form der mechanistisch-mathematischen Naturphilosophie, wie sie in der Newton-Nachfolge entstanden war: Man glaubte allen Ernstes, die Grundgesetze des Kosmos erkannt und für alle Zeiten verbindlich formuliert zu haben. Die bekannte Fiktion des Laplaceschen Weltdämons, der den gesamten Ablauf der Naturgesetzlichkeit überblickt, gehört zu dieser Anmaßung des mechanistischen Denkens. Schelling ist einer der ersten, der auf die Unzulänglichkeit und Relativität der Newtonschen Mechanik hinweist; er beruft sich in diesem Zusammenhang auf die Entdeckungen im Bereich der Elektrizität und des Magnetismus, der Chemie, Morphologie und Physiologie. Er erkennt, dass die Newtonsche Physik an den Grundtatsachen der Chemie scheitern muss, dass sie einer tiefgreifenden Revision bedürftig sei, und zwar auf der Basis einer tiefgreifenden Synthese aller physikalischen Kräfte. Die von Schelling vorgetragene *dynamische Atomistik* überwindet den materialistischen Atomismus, von dem die Newtonsche Physik ausgeht; und noch einmal sei hervorgehoben, dass seine dezidierten Hinweise auf die inneren Zusammenhänge von Licht, Elektrizität und Magnetismus als gedankliche Vorbereitung der elektromagnetischen Feldtheorie angesehen werden können. Als der erwähnte Physiker Ørsted die Ablenkung einer Magnetnadel durch elektrischen Strom beobachtet (1820), was allgemein als die Geburtsstunde des Elektromagnetismus gilt, geht er von den Prämissen der Schellingschen Naturphilosophie aus.

In den Vorlesungen *Zur Geschichte der neueren Philosophie* von 1822 bzw. 1827 heißt es: *Die früheren mechanischen und*

atomistischen Hypothesen in der Physik ließen für die Naturer-
scheinungen fast kein anderes Interesse als etwa das übrig, mit
welcher die Neugierde den Kunststücken eines Taschenspielers
auf den Grund zu kommen sucht ... Glücklicherweise traten zu je-
nen durch die Philosophie gewonnenen, tieferen Ansichten der
Natur, nach welcher auch sie ein Autonomisches, ein sich selbst
Setzendes und Betätigendes ist, die Entdeckungen der neueren Ex-
perimentalphysik hinzu, welche die Voraussagungen der Philoso-
phie erfüllten, zum Teil übertrafen. Die bis dahin für tot geachtete
Natur gab jene Zeichen eines tieferen Lebens, die das Geheimnis
ihrer verborgensten Prozesse offen darlegten. Was man kaum zu
denken gewagt hatte, schien Sache der Erfahrung zu werden.[68]
Schellings Protest gegen eine atomistisch-mechanistische Naturwissenschaft (und Naturphilosophie) ist nicht primär ästhe-
tischer oder ethischer Art, wie man gleichsam großzügig zuge-
stand, sondern eine erkenntniskritische Grenzsetzung von em-
pirischer Wissenschaft überhaupt. Gerade dies hat Kant nach
Schelling nicht geleistet, vielmehr geht dieser von der Allge-
meinheit und Notwendigkeit mathematischer Naturgesetze als
einem unumstößlichen Faktum aus. Für Schelling ist dies eine
dogmatische Verallgemeinerung, von der sich keine Brücke
schlagen lässt zur lebendigen Realität des Organischen und seiner Bewusstseinsformen. In den *Vorlesungen über die Methode*
des akademischen Studiums von 1803 äußert sich Schelling wie
folgt: *Selbst aber wenn von seiten des Mechanismus jede Erschei-*
nung vollkommen durch die Erklärung begriffen würde, bliebe
der Fall derselbe, wie wenn jemand den Homer oder irgend einen
Autor so erklären wollte, daß er anfinge, die Form der Drucklet-
tern begreiflich zu machen, dann zu zeigen, auf welche Weise sie
zusammengestellt und endlich abgedruckt worden, und wie zu-

letzt jenes Werk daraus entstanden sei. Mehr oder weniger ist dies der Fall vorzüglich mit dem, was man bisher in der Naturlehre für mathematische Konstruktionen ausgegeben hat. Schon früher wurde bemerkt, daß die mathematischen Formen dabei von einem ganz bloß mechanischen Gebrauch seien. Sie sind nicht die wesentlichen Gründe der Erscheinungen selbst, welche vielmehr in etwas ganz Fremdartigem, Empirischem liegen, wie in Ansehung der Bewegungen der Weltkörper in einem Stoß, den diese nach der Seite bekommen haben. Es ist wahr, daß man durch Anwendung der Mathematik die Abstände der Planeten, die Zeit ihrer Umläufe und Wiedererscheinungen mit Genauigkeit vorherbestimmen gelernt hat, aber über das Wesen oder An-sich dieser Bewegungen ist dadurch nicht der mindeste Aufschluß gegeben worden. Die sogenannte mathematische Naturlehre ist also bis jetzt leerer Formalismus, in welchem von einer wahren Wissenschaft der Natur nichts anzutreffen ist.[69]

Man vergegenwärtige sich die Tragweite der vorstehend zitierten Aussage: Schelling spricht der Newtonschen Physik den Anspruch ab, wahre Naturwissenschaft zu sein! Er negiert keineswegs die Genauigkeit und die weitreichenden Voraussagemöglichkeiten des mathematischen Formalismus, streitet aber dessen naturwissenschaftlichen Erkenntniswert ab. Hier besteht eine gewisse Parallelität zu Goethe, dessen Kampf gegen die physikalische Optik Newtons auch und gerade gegen die Mathematisierung des Urphänomens Licht gerichtet war. Um das Schellingsche Verständnis von Naturwissenschaft zu verdeutlichen, sei ein kurzer Blick auf die Entstehung der mathematischen Naturwissenschaft und ihre naturphilosophischen Schlussfolgerungen im 18. Jahrhundert geworfen. Das Weltbild des Ptolemäus, welches von der zentralen Stellung der Erde im

Kosmos ausgeht, enthielt eine Reihe geometrischer Fiktionen, mittels deren die Möglichkeit geschaffen wurde, die Planetenbahnen präzise zu beschreiben. Die Voraussagekraft der ptolemäischen Kosmologie war beträchtlich, und die kopernikanische Lehre hatte es schwer, dagegen anzukommen. Erst die Newtonsche Himmelsmechanik vermochte den Genauigkeitsgrad der ptolemäischen Fiktionen zu erreichen und schließlich zu übertreffen. Auf jeden Fall ist Ptolemäus ein interessantes Beispiel für die Mathematisierungsmöglichkeiten physikalischer Illusionen oder Irrtümer. Die Frühphase der neuzeitlichen Naturwissenschaft ist durch das Bemühen gekennzeichnet, physikalisch verständlich zu machen, warum die irdische Physik gleichsam abgeschottet ist gegen die Bahnbewegung des Planeten Erde um die Sonne, wie der Schein der Ruhe und Unverrückbarkeit des irdischen Standortes entsteht. Die Antwort Giordano Brunos auf diese Frage blieb folgenlos; Giordano Brunos radikale Relativierung der erdoberflächenverhafteten Physik, seine Ansätze zu einer kosmischen Naturwissenschaft auf metaphysischer Grundlage blieben weitgehend unverstanden, und nur Teilaspekte seiner Kosmologie vermochten sich durchzusetzen. Schelling bezieht sich mehrfach auf Bruno, dürfte aber die Brunosche Kosmologie nur unzulänglich erkannt haben, da er ausschließlich die Schrift «Von der Ursache, dem Prinzip und dem Einen» verarbeitet. So gerieten wesentliche Gedanken des italienischen Naturphilosophen in Vergessenheit und wurden erst in unseren Tagen von dem Philosophen Simon Kraus (Helmut Friedrich W. Krause, 1904-73) reaktiviert, auf den in Zusammenhang mit der Wirkungsgeschichte des Schellingschen Denkens noch einzugehen sein wird.

Galilei führt den Begriff der «zirkulären Trägheit» ein, den er dem aristotelischen Bewegungsbegriff entgegenstellt. Zur Aufrechterhaltung der Planetenbewegung bedarf es nach Galilei keiner fortwährend wirksamen physikalischen oder gar metaphysischen Antriebskraft, sieht man von jenem «Ur-Stoß» ab, der die Planeten einst in Gang gesetzt haben musste. «Trägheit» wird zur Zentralfiktion der Physik. Newton schließlich vereinigt die Ansätze Galileis und Keplers: Ruhe und geradlinig-gleichförmige Bewegung werden als physikalisch gleichwertige Zustände aufgefasst; die Planetenbewegung wird zum differenzierten Wechselspiel von Zentrifugalkraft (von der Sonne weg) und Anziehungskraft (zur Sonne hin). Schelling macht Newton den Vorwurf, von Fiktionen auszugehen. Er erkennt die unlösbare Verbindung von Newtonscher Mechanik und materialistischem Atomismus. Newton habe das Phänomen der Gravitation physikalisch unerklärt gelassen, es ausschließlich der Mathematik überantwortet. Die Newtonsche Mechanik habe keinen echten Erkenntniswert für die Gestirnbewegungen, sie negiere das lebendige Sein bzw. das Göttliche im Universum. In den *Ferneren Darstellungen aus dem System der Philosophie* (1802) heißt es dazu: *Nichts kann eine tiefere Rohheit in der Erkenntnis der Welt beweisen, als in das, was unmittelbar Abdruck des absoluten Lebens ist, mechanische Vorstellungsarten einzumischen, die vom absoluten Tod hergenommen sind.*[70] Dies wird Schelling nicht müde in immer neuen Wendungen zu betonen. Der naturwissenschaftliche Kern der Newton-Kritik Schellings ist bis heute wenig oder gar nicht gewürdigt worden. – Newton definiert «Masse» als bloße «Materiemenge» (quantitas materiae), als das Produkt aus Rauminhalt (Volumen) und Dichte. Die Zirkelhaftigkeit dieser Definition ist erst 1883 klar herausgearbeitet worden (von Ernst Mach): Man kann nicht den Begriff der Masse mit dem der Dichte erklären, weil eine zureichende Definition der Dichte den Massebegriff voraussetzt. «Trägheit» ist für Newton eine der Materie innewohnende Kraft (vis insita), eine absolute Größe für einen gegebenen Körper. Jeder Körper besteht aus einer bestimmten Anzahl unteilbarer, kleinster Partikel (Atome). Die Bewegung eines Körpers ist die Summe der Bewegung dieser Teilchen. So gesehen ist «Masse» einfach die Anzahl der kleinsten Materieteilchen in einem gegebenen Volumen – ein eminent materialistischer Ansatz. Es gibt Formulierungen bei Newton, welche diese These modifizieren oder ihr gar widersprechen (etwa in der «Optik»), aber im Ganzen ist der materialistische Atomismus, zumindest richtungsmäßig, eine Voraussetzung der Newtonschen Mechanik. Das hat Schelling klar gesehen. – Konsequenterweise kann Newton Wesen und Ursprung der Gravitation nicht erklären, ja er lehnt eine physikalische und damit mechanische Erklärung der Schwere ab, ungeachtet seiner eigenen jahrelangen Bemühungen in diese Richtung.

Gravitation wird für Newton zum unerklärbaren «x» in der Physik; zwar weist er den Gedanken der Fernwirkung als völlig absurd zurück, wie aus seinen Briefen an Richard Bentley hervorgeht, aber die von ihm geschaffene Physik lässt letztlich keine andere Möglichkeit zu. Leibniz hat dies unmissverständlich herausgearbeitet; er kritisiert (wie später Schelling) die Versuche Newtons, die Gravitationsursache aus der Physik auszuklammern und Schwere ausschließlich als mathematische Größe zu behandeln. Nach Leibniz macht Newton die Schwere zur «okkulten Qualität», letztlich zum «Wunder». In der Tat scheint Newton vom göttlichen Ursprung der Schwere überzeugt gewesen zu sein, eine reale physikalische Kraft jedenfalls war sie für ihn nicht. Wiederholt weist er auf ein die Gravitationswirkungen übertragendes Medium hin, das jedoch nicht näher bestimmt wird. Aus dem energetischen und dynamischen Materiebegriff des späten Leibniz folgt die Zurückweisung des Newtonschen Atomismus. Immer wieder beruft sich Schelling auf Leibniz, auf die Lehre von den Monaden und der Allgegenwart des Lebens im Kosmos, die im Letzten auf Giordano Bruno zurückgeht. In den *Ideen zu einer Philosophie der Natur* von 1797 heißt es über Leibniz: *Die Zeit ist gekommen, da man seine Philosophie wiederherstellen kann. Sein Geist verschmähte die Fesseln der Schule; kein Wunder, daß er unter uns nur in wenigen verwandten Geistern fortgelebt hat und unter den übrigen längst ein Fremdling geworden ist ... Er hatte in sich den allgemeinen G e i s t   d e r   W e l t, der in den mannigfaltigen Formen sich selbst offenbart und wo er hinkommt, Leben verbreitet.*[71]

«Abstrakte Naturwissenschaft» besteht seit Galilei in bewusstem Verzicht auf die Wesensfrage, in bewusster Beschränkung auf beobachtbare Größen und in der Überzeugung, dass das «Buch der Natur» in Zahlen geschrieben sei. Naturwissenschaftliche Erfahrung ist experimentell zubereitete, mathematisch vermittelte und skeletthaft verdünnte Anschauung. Diese bleibt als solche an die Sinnenwelt und die ihr innewohnende Relativität gebunden. Die Absolutsetzung relativer Größen ist nach Schelling ein Fehler, der zur Grundstruktur der Newtonschen Mechanik gehört; damit werde nichts erklärt, vielmehr die Erklärung nur hinausgeschoben. – Das Hauptargument der Physiker bis heute ist der Hinweis auf die Präzision und Voraussagekraft der mathematischen Naturwissenschaft. Nur zielt die philosophische Grundlagenkritik auf jene überschaubare Zahl von Fiktionen, die als solche nicht mehr hinterfragt werden und auch unbeweisbar sind: etwa die Fiktion der universellen Schwere oder des Trägheitsprinzips. Auch stimmen die Gestirnberechnungen der Himmelsmechanik nur deshalb mit der beobachtbaren Erfahrung überein, weil beispielsweise die Dichtewerte der Himmelskörper, die naturgemäß nicht direkt zu ermitteln sind, den mathematischen Gleichungen angepasst werden können. Subtile Zirkelschlüsse sind auf diesem Feld keine Seltenheit. Darauf hat Schelling mehrfach hingewiesen. Der einzig empirische Wert im Newtonschen Gravitationsgesetz, was die Gestirne als Ganzes betrifft, bezieht sich auf die radialsymmetrische Form der Schwerefelder, also die Abnahme der Gravitation mit dem Quadrat der Entfernung. Es sei an die scharfsinnigen Analysen der Positivisten im späten 19. Jahrhundert erinnert, innerhalb deren der Absolutheitsanspruch der Newtonschen Physik zurückgewiesen wird. Man kann diese Kritik akzeptieren, ohne selbst Positivist zu sein.

Schelling protestiert nicht nur gegen die Lebensfeindlichkeit der abstrakten Naturwissenschaft, sondern auch gegen deren Übergriffe im Bereich der Naturphilosophie: Ein System von Fiktionen und absolut gesetzten empirischen Teilergebnissen sei an die Stelle der Wirklichkeitserkenntnis getreten. Die Schellingsche Grundlagenkritik der mathematischen Naturwissenschaft verdient es, mehr Beachtung zu finden, als dies bis dato geschehen ist. Im Rahmen dieser Monographie ist die unerhört schwierige Problematik nur skizzenhaft zu verdeutlichen. Im übrigen bietet erst der schöpferische Alternativansatz von Simon Kraus, der seit 1970 vorliegt, die Möglichkeit einer umfassenden Würdigung der analogen Bemühungen Schellings. Hier sei einmal mehr auf die Darstellung der Wirkungsgeschichte verwiesen. – Schelling schreibt (1803): *Wenn es wesentlich zum*

Begriff der Wissenschaft ist, daß sie selbst nicht atomistisch, sondern aus Einem Geiste gebildet sei, und die Idee des Ganzen den Teilen, nicht umgekehrt, diese jener vorangehen, so ist schon hieraus klar, daß eine wahre Wissenschaft der Natur auf diesem Wege unmöglich und unerreichbar sei. (Gemeint sind der Cartesische Dualismus sowie der Atomismus der Newtonschen Mechanik.) *Die rein-endliche Auffassung hebt an und für sich schon alle organische Ansicht auf, und setzt an die Stelle derselben die einfache Reihe des Mechanismus, so wie an die Stelle der Konstruktion die Erklärung. In dieser wird von den beobachteten Wirkungen auf die Ursachen zurückgeschlossen; allein daß es eben diese und keine andern sind, würde, wenn auch übrigens die Schlußart zulässig und keine Erscheinung wäre, die unmittelbar aus einem absoluten Prinzip käme, selbst daraus nicht gewiß sein, daß jene durch sie begreiflich wären. Denn es folgt nicht, daß sie es nicht auch aus andernsein können. Nur wenn die Ursachen an sich selbst gekannt wären und von diesen auf die Wirkungen geschlossen würde, könnte der Zusammenhang beider Notwendigkeit und Evidenz haben; davon nichts zu sagen, daß die Wirkungen notdürftig wohl aus den Ursachen folgen müssen, nachdem man diese erst so ausgedacht hat, als nötig war, jene daraus abzuleiten ... Nicht daß eine Erscheinung von der andern abhängig, sondern daß alle aus einem gemeinschaftlichen Grunde fließen, macht die Einheit der Natur aus.*[72]

Die letzte Bemerkung beinhaltet eine klare Zurückweisung des Gedankens der bloß formalen Einheit der Natur, wie er bei Kant in Weiterführung des mechanistischen Kausalitätsbegriffs zum Ausdruck kommt. Wenn die moderne Physik von «Einheit der Natur» spricht, meint sie stets die Einheit des mathematischen Formalismus. Mit Nachdruck weist Schelling auf die Zirkelhaftigkeit der vom Empirismus bestimmten Erklärungsart hin: Man leitet die Ursache hypothetisch-induktiv aus dem physikalischen Phänomen ab, um dann umgekehrt das Phänomen aus dieser Ursache abzuleiten. Wer sich mit der Geschichte der Naturwissenschaft befasst, wird diesem Zirkelschluss immer wieder begegnen. – Was Schelling oben *Konstruktion* nennt, bezieht sich auf das Bemühen der Naturphilosophie als *spekulative Physik*, die Natur von innen her zu verstehen und abzuleiten. In der *Einleitung zu dem Entwurf eines Systems der Naturphilosophie* (1799) heißt es, die empirische und mathematisch-mechanistische Naturauffassung richtet sich nur *auf die Oberfläche der Natur und das, was an ihr objektiv und gleichsam Außenseite ist,* die naturphilosophische Konstruktion dagegen *auf das innere Triebwerk und das, was an der Natur nicht-objektiv ist.*[73]

Schellings zentrales Anliegen ist es, die Totalität der lebendigen Wirklichkeit für das Denken zurückzugewinnen, und zwar mit dem Ziel der Überwindung aller einseitigen Verstandesdeutungen und Abstraktionen. *Die ganze Natur streitet gegen jede Abstraktion, z. B. die der Materie als eines reinen Seins, von dem alles subjektive, innere Leben, alle Perzeption negiert ist.*[74] *Diese bloß passiven Verschiedenheiten der Materie sind es, deren Inbegriff Mechanismus heißt. Die mechanische Ansicht der Natur ist daher eine auf lauter Abstraktion beruhende, die entsteht, indem von allem Realen und Positiven der Materie abgesehen und das Nichtige in Betrachtung gezogen wird.*[75] Die mechanistische Naturauffassung wird in diesen Aussagen (von 1806) mit einem tiefgreifenden Wirklichkeitsverlust in Verbindung gebracht. Nach Schelling hat die mathematische Naturwissenschaft die Natur entgöttlicht *und ihre die Natur mechanisch verkehrenden Systeme über den lebendigen Grund der Natur selbst gesetzt.*[76]

Der Atheismus, zu dessen Breitenwirkung die Erfolge der Newtonschen Physik einen wesentlichen Beitrag geliefert haben,
wird als Konsequenz einer zutiefst unzulänglichen Naturerkenntnis interpretiert, als Folge der Absolutsetzung von Halb-
wahrheiten und Fiktionen. *Seitdem dieser Geist der Natur von
der Physik gewichen ist, ist für sie das Leben in allen Teilen desselben erloschen, wie es für sie keinen möglichen Übergang von der
allgemeinen zu der organischen Natur gibt.*[77] Die Abstraktion der
mechanistischen Physik verneint das Leben der Natur, zerstört
den ihr wesensimmanenten Organismus. Kehren wir noch einmal zu der polemischen Schrift gegen Fichte zurück, da Schellings Grundhaltung der Natur gegenüber hier am klarsten zum
Ausdruck kommt. *Wir müssen es sagen: der Grund der geistigen
Gemeinheit aller Art ist selbst der Mangel jener Anschauung, dadurch uns die Natur als selbstlebendig erscheint; ja dieser Mangel
führt früher oder später den völligen, durch keine Künste weiter
zu bemäntelnden Geistestod herbei. Es liegt in ihm etwas Unheil-
volles (wir erkennen es gern); denn alle Heilkraft ist nur in der
Natur. Diese allein ist das wahre Gegengift der Abstraktion.*[78] Es
bedarf nur geringer Phantasie, um die existentielle Notwendigkeit dieses «Gegengiftes» gerade für den heutigen Menschen zu
begreifen. – Der Protest Schellings und weniger anderer ist wir-
kungslos verhallt; der eigentliche Siegeszug des abstrakt-analytischen Denkens bis hin zur Kernspaltung und zur globalen Le-
bensbedrohung stand erst noch bevor. *... der lebendigen Kraft
der Natur hat noch kein Mensch Zaum und Gebiß angelegt, und
wenn Fichte an einer andern Stelle sagt, die Natur soll durch das
vernünftige Leben in seiner Entwicklung selber belebt werden, so
ist auch davon das gerade Gegenteil der Fall, denn soweit nur immer die Natur menschlichen Zwecken dient, wird sie getötet.*[79]

Was ist der wahre Geist des Naturforschers? – Er ist Andacht, Frömmigkeit gegen die Natur, Religion, unbedingte Unterwerfung unter die Wirklichkeit und die Wahrheit, wie sie in der Natur ausgesprochen und mit der Natur selbst eins ist. Eben diese Unterwerfung ist nach Fichtescher Lehre das Schrecklichste, wovor sich der Geist eines freien Wesens entsetzt: die Übereinstimmung der Natur mit dem Gedanken ist nach ihr nur so möglich, daß sich die Natur nach dem Gedanken richtet, nicht aber so, daß die Wahrheit selbst das Sein, das Sein oder die Natur selbst die Wahrheit ist. – Was begehrt der Physiker? Das Leben, und nur dieses ist die Beute, die er aus dem Kampf mit dem Tode davontragen will. – Die Fichtesche Theorie zieht ihm hier eine absolute Grenze vor, jenen Schlag des absoluten Bewußtseins, der unwiederbringlich für jede wirkliche Anschauung das Leben in Tod verwandelt und die leere Hülle allein zur Betrachtung übrig läßt.[80] In Parenthese sei hier vermerkt, dass der das Leben «begehrende» Physiker auch schon zur damaligen Zeit eine Rarität gewesen sein dürfte.

Mit einigem Recht wurde Schelling wegen der besonderen Herausstellung des Lebendigen und Organischen als «Initiator und Patron der Lebensphilosophie» bezeichnet und damit als Wegbereiter Schopenhauers, Nietzsches, Bergsons und anderer.[81] Er formiere «die lebensphilosophische Opposition zwischen Abstraktion und Leben, die in der Gegenwart auch und gerade heute aktuell ist». «Daraus folgt: Schelling ist aktuell, weil und insofern der lebensphilosophische Ansatz aktuell ist» (O. Marquard 1975).[82] Hier liegt allerdings die Gefahr, eine wesentliche Differenz zu verwischen: Schelling protestiert nicht prinzipiell gegen den Geist, wie dies zum Beispiel Ludwig Klages und David Herbert Lawrence tun, auch spielt er keineswegs eine wie immer zu beschreibende «Lebenskraft» gegen Verstand und Vernunft aus. Vielmehr geht es ihm um die Einheit von Vernunft und Leben, Geist und Natur, um die lebendige Synthese von Seins- und Erkenntnisprinzipien. Der von Schelling bekämpfte «Panlogismus» Hegels und seiner Schule deutet die Einheit von Denken und Sein einseitig rationalistisch, und die Kollision mit der konkreten Erfahrung hat diesen Ansatz zum Scheitern gebracht. Dadurch aber geriet auch der Ansatz Schellings aus dem Blickfeld. Schon bei Schopenhauer und Nietzsehe ist die noch den späten Schelling auszeichnende «Balance» von Geist und Leben nicht mehr gewahrt. Nicht zuletzt dieser philosophische «Balanceakt» macht die Größe Schellings aus, und seine viel beschworene «Tragik» dürfte in dem Unvermögen bestanden haben, seinen genialen Ansatz in überzeugender Form systematisch auszubauen, nicht im Sinne eines starren Systems, dessen Unsinnigkeit er durchschaute, sondern im Sinne der Klarheit der sprachlichen Vermittlung und der Konsequenz des Wirklichkeitsbezugs. Ob man dies der Persönlichkeit des Philosophen Schelling «anlasten» kann, ist eine ganz andere Frage.

Im Zusammenhang mit der Fichte-Kritik von 1806 wird die Wesensbestimmung der Naturphilosophie wie folgt formuliert: *Ist also Philosophie Wissenschaft des Göttlichen als des allein-Positiven, so ist sie Wissenschaft des Göttlichen als des allein-Wirklichen in der wirklichen oder Natur-Welt, d. h. sie ist wesentlich Naturphilosophie.*[83] *Die wahre Philosophie muß reden von dem, was da ist, d. h. von der wirklichen, von der s e i e n d e n Natur. Gott ist wesentlich das Sein, heißt: Gott ist wesentlich die Natur, und umgekehrt. Darum ist alle wahre Philosophie, d. h. alle, welche Erkenntnis des allein-Wahren und Positiven ist, ipso facta Naturphilosophie, und wird auch wohl so lange, als diese Erkenntnis nicht allgemein geworden, diesen Namen tragen, um sich von der fal-*

schen zu unterscheiden, die da ist in dem nicht-Wirklichen, d. h. in dem nicht-Wahren.[84] Über die *Idee der Naturphilosophie* heißt es wenig später: *Sie zuerst setzt der Willkür des Denkens, den Verirrungen der Abstraktion das entschiedene Ziel, die bestimmte Schranke; denn sie ist der direkte Gegensatz aller Abstraktion und aller Systeme, die aus dieser hervorgehen.*[85]

In diesen Aussagen wird der enge Bezug zur Goetheschen Naturanschauung deutlich. Schon in der *Darstellung meines Systems der Philosophie* fünf Jahre vorher schreibt Schelling mit Blick auf die Goethesche Farbenlehre, *daß die wahre Physik erst jetzt a n f a n g e n müsse zu werden und sich aus der Verwirrung und Nacht herauszuarbeiten ... Eine künftige Geschichte der Physik wird nicht unbemerkt lassen, welche retardierende Kraft in Ansehung der ganzen Wissenschaft die Newtonsche Vorstellung vom Licht ausgeübt hat, und wie dagegen die entgegengesetzte, einmal zu Grunde gelegt und angenommen, die Natur gleichsam öffnet, und den Ideen Raum macht, die bis jetzt aus der Physik so gut wie verbannt waren.*[86] Man mag die Bezugnahme auf die Farbenlehre Goethes relativieren – zutreffend ist der Hinweis auf die erkenntnishemmende Wirkung der Newtonschen Lichttheorie, innerhalb derer Licht «als Teilchenschauer» verstanden wird. Die Korpuskulartheorie hat das ganze 18. Jahrhundert hindurch die Wellentheorie Christian Huygens' und anderer in den Hintergrund gedrängt; erst im frühen 19. Jahrhundert gelang es Thomas Young und Augustin Fresnel, die Wellentheorie des Lichts erneut in die naturwissenschaftliche Betrachtung einzubeziehen und schließlich experimentell zu untermauern. Über ein Jahrhundert hat es gedauert, bis die lähmende Autorität Newtons überwunden werden konnte, bis die materialistische Lichttheorie einer sublimeren Vorstellung wich. Doch erst die elektromagnetische Lichttheorie, die James Clerk Maxwell auf der Grundlage der Faradayschen Feldlehre entwickelte, erreichte jene «Sublimierungsstufe», die den völligen Verzicht auf materielle Wirkungsmomente beinhaltet. Michael Faraday wiederum beruft sich in seiner Feldtheorie ausdrücklich auf den Philosophen Roger Boskovich, dessen energetische Materievorstellung auf Leibniz zurückweist. Von dort her gewinnt der Rückbezug Schellings auf Leibniz seine besondere Bedeutung. Dies ist in der bisherigen Schelling-Forschung kaum beachtet worden. Zu «Protest und Abgrenzung» gehört die Dimension des Historischen. In seinen Vorlesungen *Zur Geschichte der neueren Philosophie* hebt Schelling hervor, schon seine *ersten Schritte in der Philosophie* verrieten *die Tendenz zum Geschichtlichen*.[87] Dies bezieht sich nicht nur auf ein zentrales Merkmal der Naturphilosophie (Natur als dialektischer Prozess der Bewusstseinssteigerung), sondern auch auf den eigenen geistesgeschichtlichen Standort. Die Menschheitsgeschichte ist – nach Schelling – die Fortführung und Vollendung der Naturgeschichte, gleich dieser auf allen Ebenen einer dialektischen Gesetzlichkeit unterworfen. Von Beginn an, wohl nicht ohne Einfluss der älteren Freunde Hölderlin und Hegel, steht für Schelling die eschatologische, also auf das Ende der Geschichte weisende Komponente im Mittelpunkt. Die vorübergehende Begeisterung für die Französische Revolution und die dadurch gewonnene Überzeugung von der Macht der Vernunft in der Geschichte sind erste Manifestationen dieser Ausrichtung. (Dies wurde im biographischen Teil bereits angedeutet.) «Reich Gottes» war die Losung, an der sich Hölderlin, Hegel und Schelling stets wiederzuerkennen gedachten, als sie sich im Tübinger Stift trennten. Jeder der drei Freunde hat auf seine Weise versucht, dieser «Losung» gerecht zu werden. Auch die Frühromantiker teilten die Überzeugung, an der Schwelle eines neuen Zeitalters zu stehen. Die eigene Naturphilosophie wird von Schelling als zutiefst geschichtliches Phänomen verstanden, was alles andere als deren historische Relativierung bedeutet. Vielmehr bekundet sich darin das mit Stolz vorgetragene Bewusstsein, eine fundamentale Wende in der Naturbetrachtung eingeleitet zu haben. Schelling folgt hier einem geschichtsphilosophischen Muster, das bereits in der Renaissance-Philosophie zu beobachten ist: So kann er die Naturphilosophie als die Wiedergewinnung der einstmaligen Einheit des Menschen mit der Natur auf höherer Ebene begreifen, als die Zurückgewinnung der Harmonie von Mensch und Kosmos nach einer langen Phase der Entfremdung und Trennung. Zur lebendigen Dialektik der Geschichte gehört es nach Schelling, dass die verlorene Einheit nur *in einer höheren Potenz* wiederherzustellen ist. Es gibt kein «Zurück» – etwa zu der *Heiterkeit und Reinheit der griechischen Naturanschauung* [88]. Diese ist, als solche, unwiederbringlich verloren.

Der
Erkenntnis-theoretische
Ansatz

Die äußere Welt liegt vor uns aufgeschlagen, um in ihr die Geschichte unseres Geistes wiederzufinden.»[89] *«Die Natur soll der sichtbare Geist, der Geist die unsichtbare Natur sein. H i e r also, in der absoluten Identität des Geistes i n uns und der Natur a u ß e r uns, muß sich das Problem, wie eine Natur außer uns möglich sei, auflösen. Das letzte Ziel unserer weiteren Nachforschung ist daher diese Idee der Natur.*[90]

In den zitierten Sätzen aus der Frühphase der Schellingschen Philosophie (1797) ist der erkenntnistheoretische Ausgangspunkt unmissverständlich formuliert: die Einheit von Natur und Geist, Leben und Vernunft, Sein und Bewusstsein. Hierfür hat der spätere Schelling die Bezeichnung *Real-Idealismus* oder *Identitätsphilosophie* geprägt, und er verband damit das nicht geringe Selbstbewusstsein, jene große denkerische Synthese geleistet zu haben, an der fortan alle Philosophie zu messen sei. Es war das Bemühen, den idealistischen Primat des Geistes, der Freiheit und des Willens zu erhalten, ohne der lebendigen Fülle des objektiven Seins verlustig zu gehen. In der Freiheitsschrift schreibt Schelling, auf die Anfänge der eigenen Philosophie zurückblickend: *Wechseldurchdringung des Realismus und Idealismus war die ausgesprochene Absicht seiner* (Schellings) *Bestrebungen. Der Spinozische Grundbegriff, durch das Prinzip des Idealismus vergeistigt (und in Einem wesentlichen Punkte verändert), erhielt in der höheren Betrachtungsweise der Natur und der erkannten Einheit des Dynamischen mit dem Gemütlichen (d. h. Seelischen) und Geistigen eine lebendige Basis, woraus Naturphilosophie erwuchs, die als bloße Physik zwar für sich bestehen konnte, in bezug auf das Ganze der Philosophie aber jederzeit nur als der eine, nämlich der reelle Teil, derselben betrachtet wurde, der erst durch die Ergänzung mit dem ideellen, in welchem Freiheit herrscht, der Erhebung in das eigentliche Vernunftsystem fähig werde. In dieser (der Freiheit) wurde behauptet, finde sich der letzte potenzierende Akt, wodurch sich die ganze Natur in Empfindung, in Intelligenz, endlich in Willen verkläre.*[91] *Der Idealismus, wenn er nicht einen lebendigen Realismus zur Basis erhält, wird ein ebenso leeres und abgezogenes System, als das Leibnizische, Spinozisehe, oder irgend ein anderes dogmatisches. Die ganze neueuropäische Philosophie seit ihrem Beginn (durch Descartes) hat diesen gemeinschaftlichen Mangel, daß die Natur für sie nicht vorhanden ist, und daß es ihr am lebendigen Grunde fehlt. Spinozas Realismus ist dadurch so abstrakt als der Idealismus des Leibniz. Idealismus ist Seele der Philosophie; Realismus ihr Leib; nur beide zusammen machen ein lebendiges Ganzes aus. Nie kann der letzte das Prinzip hergeben, aber er muß Grund und Mittel sein, worin jener sich verwirklicht, Fleisch und Blut annimmt. Fehlt einer Philosophie dieses lebendige Fundament, welches gewöhnlich ein Zeichen ist, daß auch das ideelle Prinzip in ihr ursprünglich nur schwach wirksam war: so verliert sie sich in jene Systeme, deren abgezogene Begriffe ... mit der Lebenskraft und Fülle der Wirklichkeit in dem schneidendsten Kontrast stehen.*[92]

Als Grundprinzip wurde der Real-Idealismus von Schelling auch nach seiner Zuwendung zu der «Nachtseite der Naturwissenschaft» seit 1806 nicht aufgegeben, wenn er auch zunehmend bestrebt war, den «realen Teil» darin neu zu fassen und mit den Erfordernissen zu verbinden, die sich durch eine konsequente Einbeziehung der irrationalen Schichten der Existenz ergeben. Die ästhetisch-dionysische Weltbejahung des frühen Schelling klammert die Abgründe des Grauens, des Leides, des Chaos in der Welt bewusst aus. – Zunächst bedarf die idealistische Erkenntnisproblematik einer näheren Bestimmung, die sich aus der Herausforderung durch die Philosophie Kants ergeben hatte. Die Genesis des Deutschen Idealismus bleibt ohne die konsequente Verarbeitung der denkerischen Leistung Kants unverständlich.

Ausgangspunkt der «Kritik der reinen Vernunft» ist der Überdruss an den dogmatischen Behauptungen der Schulmetaphysik des 18. Jahrhunderts. Letztere hatte die mit ihr verbundenen wissenschaftlichen Ansprüche in keiner Weise eingelöst. Metaphysik war bloße Spekulation, «reine Vernunfterkenntnis» über die Grenzen möglicher Erfahrung hinaus. Kant sieht die Notwendigkeit, die Vernunft in ihrem spekulativen Gebrauch einer Fundamentalkritik zu unterwerfen. «Ist Metaphysik als Wissenschaft möglich?» Diese Frage wird von Kant klar verneint, was zwar nicht Metaphysik als «Naturanlage der Vernunft» betrifft, wohl aber deren Vermögen, über alle mögliche Erfahrung hinaus objektiv gültige Aussagen zu machen. Gerade das aber behauptet der Dogmatismus, den Kant genauso bekämpft wie den Skeptizismus David Humes. Die objektive Gültigkeit des Kausalgesetzes war durch Hume radikal in Zweifel gezogen worden; Kausalität sollte aus der bloßen Verallgemeinerung der stets wiederkehrenden Erfahrung bzw. aus der Gewöhnung an diese entstanden sein. Kant will hier einen «Mittelweg» beschreiten (zwischen Dogmatismus und Skeptizismus). – Er geht davon aus, dass es «Erkenntnis» tatsächlich gibt, und zwar als Erfahrung der nach allgemeinen und notwendigen Gesetzen geordneten Sinnenwelt: der Natur. Erfahrung als Naturerkenntnis wird ausschließlich auf die Sinnenwelt bezogen. Die mathematische Naturwissenschaft, hier insbesondere die Newtonsche Mechanik, ist für Kant der Beweis der formalen Einheit der Natur. «Natur ist das Dasein der Dinge, sofern es nach allgemeinen Gesetzen bestimmt ist» («Prolegomena»).[93] Der Mensch vermag diese Gesetze zu erkennen und zu beschreiben, ihre Allgemeingültigkeit und Notwendigkeit zu beweisen. Objektive Gültigkeit und notwendige Allgemeingültigkeit werden als «Wechselbegriffe» bezeichnet.[94]

Nach Kant ist Erfahrung das Produkt der Sinne und des Verstandes. Allgemeine, das heißt überall und jederzeit gültige Naturgesetze können nicht aus der Erfahrung abgeleitet werden, können nicht objektive Bestimmungen der Sinnenwelt «an sich selbst» sein, da sie in diesem Fall, wie Kant betont, nicht erkennbar wären. Erkennbarkeit der Naturgesetze setzt voraus, dass diese mit den Gesetzen unseres Intellekts übereinstimmen; das können sie nur, wenn wir selbst, als erkennende Subjekte, sie in die Natur «hineinlegen». – Die von Kant formulierte Frage «Wie sind synthetische Urteile apriori möglich?» lässt sich auch so ausdrücken: Wie ist es möglich, dass die Natur Gesetzen gehorcht, die wir mit unserem Verstand zu erkennen und mathematisch zu beschreiben vermögen? Kant beantwortet diese Frage, indem er den Verstand zum «Gesetzgeber der Natur» macht: Verstandesgesetze sind Naturgesetze (und umgekehrt). Einem verbreiteten Missverständnis muss entgegengehalten werden, dass es hier ausschließlich um die formale Naturgesetzlichkeit geht. – Die «Dinge an sich», also in ihrem eigentlichen, vom erkennenden Subjekt unüberbrückbar getrennten Wesen, bleiben dem Menschen verborgen. Jene reine Objektwelt ist das große «X», jenes «unbekannte Etwas», das menschlich-irdisches Erkenntnisvermögen niemals zu erreichen in der Lage ist, wie Kant meint. Das «Ding an sich», von Kant selbst wegen der inneren Widersprüchlichkeit dieser Bezeichnung als «hölzernes Eisen» bezeichnet, wird als jenseits von Raum, Zeit und Kausalität befindlich angenommen. Von der Erscheinungswelt aus betrachtet, an die wir gefesselt sind, ist das «Ding an sich», wie Schopenhauer später sagt, dem «Nichts» gleichzusetzen. Es entzieht sich den Anschauungs- und Denkformen. Die Erkenntnis der Naturgesetzlichkeit wird für Kant zur Selbstbespiegelung des erkennenden Subjekts, nicht des Individuums, aber des «transzendentalen Subjekts», des allen Einzel-Ichs zugrunde liegenden «reinen Bewusstseins». Das Wort «transzendental» bezieht sich auf die Ermöglichung von Erfahrung überhaupt, auf das «a priori», das jeder Erfahrung notwendig vorausgeht und diese erst zustande kommen lässt. Kant: «Die Grundsätze möglicher Erfahrung sind nun zugleich allgemeine Gesetze der Natur, welche apriori erkannt werden können.»[95] Die Verknüpfung der Mannigfaltigkeit zur synthetischen Einheit objektiv gültiger Gesetzlichkeit besorgt das «transzendentale Selbstbewusstsein», zuweilen auch – Fichte vorwegnehmend – «reines Ich» genannt.

Was die Dinge «eigentlich» sind, darüber können wir keine Aussage machen. Dies betont Kant immer wieder. Insofern ist Metaphysik unmöglich. Das «transzendentale Subjekt» enthält in sich (auf welche Weise, bleibt dunkel) jene Anschauungs- und Denkformen, die Erfahrung ermöglichen, also Raum, Zeit, Kausalität, Substanz, Einheit, Vielheit usw. Der subjektive Ursprung dieser Formen erzeugt die Frage nach dem Realitätsgehalt der als bloße Erscheinung interpretierten Natur. Hier setzen jene Widersprüche in der Lehre Kants ein, die unter anderem mit den Abweichungen der zweiten von der ersten Auflage der «Kritik der reinen Vernunft» (1781 bzw. 1787) zu tun haben. In der Erstausgabe finden sich Sätze, die von Kritikern als Neufassung des Berkeleyschen Idealismus aufgefasst wurden, innerhalb dessen die Welt der Erscheinungen zum bloßen Schein degradiert wird. So schreibt Kant 1781 beispielsweise: «Nun sind aber äußere Gegenstände (die Körper) bloß Erscheinungen, mithin auch nichts anderes, als eine Art meiner Vorstellungen, deren Gegenstände nur durch diese Vorstellungen etwas sind, von ihnen abgesondert aber nichts sind.»[96] Oder: «Das Reale äußerer Erscheinungen ist also wirklich nur in der Wahrnehmung und kann auf keine andere Weise wirklich sein.»[97] Schopenhauer spricht sich eindeutig für die erste Auflage der «Kritik der reinen Vernunft» aus, da die hier behauptete Idealität der Erscheinungen, ungeachtet ihrer empirischen Realität (die nicht geleugnet wird), seiner eigenen Lehre von der Erscheinungswelt als einer Phantasmagorie des Intellekts entspricht. Genau dies lehnt Kant ab, wie schon aus den «Prolegomena» von 1783 klar hervorgeht. Die Welt ist nach Kant zwar bloße Erscheinung für das Subjekt, aber deswegen nicht Schein. Den Idealismus der Eleaten und Descartes', der von einem prinzipiellen Zweifel an der Realität der Außenwelt ausgeht, lehnt er entschieden ab. In der Ausgabe von 1781 findet sich auch der für Fichte und den frühen Schelling bedeutsame Begriff des «transzendentalen Idealismus», den Kant später zugunsten des «kritischen Idealismus» zurücknimmt. In der zweiten Auflage der «Kritik der reinen Vernunft» werden wesentliche Passagen der ersten Auflage ganz gestrichen. Die hier zutage tretenden Widersprüche sind bis heute nicht restlos aufgelöst worden; sie haben die Wirkung Kants maßgeblich mitbestimmt.

Nach Kant beschreiben die mathematischen Naturgesetze die Prinzipien jeder möglichen Erfahrung, weil sie in den Tiefen des Selbstbewusstseins als dessen Grundstruktur verankert sind. So sind wir Sklaven der Sinnenwelt, können über diese nicht hinaus; wir kleben an der Erfahrung, tragen aber etwas in uns, das objektivierbare Erfahrung erst ermöglicht, eine Art inneres Kaleidoskop, das mit uns unlösbar verbunden ist und uns das Wesen der Dinge verstellt. Auch das Ich ist für Kant keine unmittelbare Gewissheit gebende innere Erfahrung: Erkennbar ist nur das empirische Ich; das diesem zugrunde liegende absolute Subjekt bleibt als solches unerkennbar. Das Ich, so formuliert Kant, ist nur «die Beziehung der inneren Erscheinungen auf das unbekannte Subjekt derselben».[98]

Auch das Ich also ist kein «Ding an sich», sondern bloße Erscheinung. So verdeckt der Mensch durch und mit sich selbst alles Wesentliche; er kann weder die Dinge noch sich selbst oder gar Gott erkennen. Was bleibt ist die Erfahrung – das Feld der Wissenschaft. Der Philosophie als Metaphysik bleibt nur die Aufdeckung der apriorischen Struktur der Wissenschaften; Philosophie wird zur Wissenschaft des Wissens, zur «Wissenschaftslehre», wie Fichte sagt.

Kant nimmt für sich in Anspruch, eine denkerische Rettung der menschlichen Freiheit geleistet zu haben. «Denn sind Erscheinungen Dinge an sich selbst, so ist die Freiheit nicht zu retten», heißt es in der «Kritik der reinen Vernunft».[99] Jede Tat, als Phänomen innerhalb der Erscheinungswelt, unterliegt der Naturnotwendigkeit, ist aber «an sich» frei bzw. von «freien Ursachen» bestimmt, wie Kant sagt; andernfalls wäre moralische Verantwortlichkeit unmöglich. Der Begriff der Naturnotwendigkeit ist aus den Hypothesen und Fiktionen des kausal-mechanischen Weltbildes abgeleitet. Die durchgängige Kausalverknüpfung der Erscheinungen wird als denknotwendig gesetzt und führt in einen Unendlichkeitsprozess der Kausalketten. Jeder Wirkung liegt eine Ursache zugrunde, diese wiederum ist die Wirkung einer anderen Ursache usw. Kant behauptet, mittels des «kritischen Idealismus» die Antinomie von Freiheit und Notwendigkeit genauso überwunden zu haben wie diejenige von Endlichkeit und Unendlichkeit. Er verlegt diese Antinomien in das Wesen der Vernunft, macht sie zu einer Sache des «dialektischen Scheins», dem keine Wirklichkeitsbedeutung zukommt. Wenn Raum und Zeit bloße Idealitäten ohne objektive Realität sind, ist die Frage, ob das Universum endlich oder unendlich sei, in der Tat eine Scheinfrage. Die Möglichkeit der moralischen Freiheit wird von Kant aus dem «Sollen» abgeleitet, der «kategorische Imperativ» wird zum Ermöglichungsgrund der Freiheit. Die Vernunft ist ihr eigener Gesetzgeber, Freiheit ist Selbstbestimmung der Vernunft. Darauf wird noch einzugehen sein.

Man kann die Resultate der Kantschen Philosophie als wesensmäßig nihilistisch interpretieren; nicht zufällig erscheint das Wort «Nihilismus» gerade hier zum ersten Mal (im Jahre 1796). Eine andere Möglichkeit der Kant-Rezeption dokumentiert der Deutsche Idealismus: Kant wird hier zum Ausgangspunkt einer neuen Metaphysik, einer neuen Dogmatik. Die Rückbesinnung auf die subjektiven Bedingungen des Erkenntnisvermögens wird als «Weg nach innen» (Novalis) gewertet. Den ersten, entscheidenden Schritt in diese Richtung tut Johann Gottlieb Fichte. Ob man dessen Denkergebnisse als «Vollendung der Kantischen Philosophie» (Hegel) oder als deren «Karikatur» (Schopenhauer) zu bewerten habe, soll hier unerörtert bleiben. Sicher ist, dass Fichte unmittelbar von Kant ausgeht. Richtungweisend für ihn ist der Gedanke Kants, dass die formale Einheit der Natur und damit die Allgemeingültigkeit der Naturgesetze auf die Einheit des «reinen Selbstbewusstseins» zurückzuführen seien. Hinzu kommt die «Rettung» der Freiheit unter dem

Primat des selbstbestimmten Sollens. Fichte denkt die gesamte Philosophie von der Freiheit aus, die er mit Leibniz und Kant als Selbstbestimmung begreift. Man kann den Fichteschen Idealismus vielleicht am besten verstehen, wenn man ihn – wie Schelling – als *das vollkommene Gegenteil des Spinozismus* [100] wertet: Spinoza war davon ausgegangen, dass das Absolute oder An-sich-Seiende als Einheit der unendlichen Substanz zu gelten habe, als «reines Objekt», wodurch notwendig die Freiheit eliminiert wird. Fichte geht den entgegengesetzten Weg. In den Worten Schellings: *Fichtes Idealismus verhält sich insofern ... als u m g e k e h r t e r Spinozismus, indem er dem absoluten, alles Subjekt vernichtenden Objekt des Spinoza das Subjekt in seiner Absolutheit, dem bloßen unbeweglichen Sein des Spinoza die T a t entgegensetzte; das Ich ist für Fichte nicht wie für Cartesius bloß der zum Behuf des Philosophierens angenommene, sondern der wirkliche, der wahre Anfang, das absolute Prius von allem.*[101]

Der Ansatz Fichtes – also die Absolutsetzung des «reinen Ich» als Wille und Tat – ist häufig missverstanden worden, und es hat nicht an satirischen Darstellungen gefehlt, welche die Absurdität des Ganzen zu entlarven meinten. Nun lässt sich nicht leugnen, dass Fichtes Idee vom «absoluten Ich» (eine Art Welt-Ich) eine Fiktion von schwindelerregender Tragweite ist. Die bürgerlich-aufklärerische Vernunft mit ihrem Freiheitspostulat und ihrer Naturentfremdung hat hier ihren konsequentesten Ausdruck gefunden. – Das «Ding an sich» wird von Fichte ausgeschaltet, übrig bleibt die einheitsstiftende Funktion und gesetzgeberische Kraft des Ich. Dieses «reine Ich», von dem das empirische Ich nur eine schwache Ahnung vermittelt und von dem es gleichwohl abgeleitet ist, wird als absolut frei und autonom angenommen. Es «setzte» sich selbst in freier Tat außerhalb aller

Zeit, ja durch diese (fortwährende) Tat wird Zeit erst konstituiert. Das Ergebnis dieses «Sich-selbst-Setzens» ist das «reine Selbstbewusstsein», die erste Entgegensetzung von Subjekt und Objekt: im Selbstbewusstsein wird das Ich sich selbst zum Objekt. Das reine Selbstbewusstsein nunmehr setzt die Welt als bloßes «Nicht-Ich», dem folglich keine Eigenrealität innewohnt. Die reine Objektwelt verschwindet, das Erkennen ist einziger Gegenstand des Denkens. Dieses Erkennen ist kein starres Sein, sondern wesentlich Tat, Handlung, Wille. Nach Fichte geht es im Letzten darum, dem inneren Mechanismus des Bewusstseins selbst auf die Spur zu kommen, das Subjekt zum Objekt des Denkens zu machen. Damit verbindet sich der Primat der praktischen Philosophie: Die Welt wird zum Material für die Selbstverwirklichung des Ich im freien Handeln.

Auf den ersten Blick mutet die Fichtesche «Wissenschaftslehre» absurd an, sie erweist sich jedoch bei genauerer Betrachtung als der konsequente Versuch, den Zirkelschluss des Denkens als solchen zum Ausgangspunkt eben dieses Denkens zu machen: Wenn ich mich selbst als absolut frei denke, muss die Objektwelt zum bloßen Nicht-Ich degradiert werden. Es gibt nur ein objektives Sein, weil es ein dieses erkennendes subjektives Bewusstsein gibt. Man kann zwar das Subjekt ausschalten, aber dann hört Erkenntnis, hört das Denken auf. Insofern ist Fichtes Denkansatz «Wissenschaftslehre», Wissenschaft vom Wissen selbst, nicht von den Objekten des Wissens. – Dennoch bleibt ein Abgrund von ungelösten Fragen und Paradoxien, und die Wirkung Fichtes beruhte wohl primär auf seiner Vorstellung von der unbegrenzten Freiheit des Menschen, von dessen Herrschaft über eine tote, unvernünftige Natur. Das entsprach dem durch das Christentum der Natur und dem Kosmos entfremdeten Menschen. Hinzu kommt, dass Fichte den dialektischen Dreischritt von These, Antithese und Synthese in die Grundnatur des Denkens verlegte und von dorther alle Dynamik des Willens ableitete.

Es wurde bereits angedeutet, dass der frühe Schelling um eine Versöhnung des Fichteschen Idealismus mit der Wirklichkeit bemüht war. In einem Brief an Hegel (1795) bekennt sich der Zwanzigjährige zu Spinoza, in dessen System er eine erste Teilüberwindung des Cartesischen Dualismus erblickt. Schelling verbindet – und dies ist sein erkenntnistheoretischer Ausgangspunkt – den Fichteschen Idealismus mit dem «Realismus» Spinozas: Das objektive Sein, die Natur, wird als Werden des Ich interpretiert, als zu-sich-selbst-Kommen des Bewusstseins. Alles ist icherfüllt, bewusstseinserfüllt; alles ist lebendig. Es gibt für Schelling weder ein reines Subjekt noch ein reines Objekt. Die Welt wird zur dynamischen Stufenfolge der ewigen Synthese von Subjekt und Objekt, zum Stufenreich der Objektivationen der Selbsterkenntnis des Geistes. Hiermit glaubt Schelling die lebendige Fülle der Natur für das Denken zurückgewonnen zu haben. – Erkenntnis ist nach Schelling stets Selbsterkenntnis; man erkennt nur das, was man ist. Natur ist Geist und Geist Natur. Im Einführungsteil seines *Systems der gesamten Philosophie und der Naturphilosophie insbesondere* (1804) heißt es: *Die erste Voraussetzung alles Wissens ist, daß es ein und dasselbe ist, das da weiß, und das da gewußt wird.* Erkenntnis der Natur ist stets Selbsterkenntnis der Vernunft. Subjekt und Objekt sind im Letzten identisch. Alles quillt aus der ewigen, organischen Einheit oder Identität von Sein und Erkennen, Subjektivem und Objektivem, Realem und Idealem. Die Idee des Absoluten, das heißt Gottes, umfasst beide «Pole». Im Erkennen der Vernunft ist nach

Schelling stets das Göttliche anwesend. Das Universum ist die Selbstoffenbarung Gottes, die Selbstanschauung des Absoluten, woran die Vernunft lebendigen Anteil hat.

Schon in der *Allgemeinen Übersicht der neuesten philosophischen Literatur* (1797) schreibt Schelling: *Im Zweckmäßigen durchdringt sich Form und Materie, Begriff und Anschauung. Eben dies ist der Charakter des Geistes, in welchem Ideales und Reales absolut vereinigt ist. Daher ist in jeder Organisation etwas Symbolisches, und jede Pflanze ist, so zu sagen, der verschlungene Zug der Seele. Da in unserem Geiste ein unendliches Bestreben ist sich selbst zu organisieren, so muß auch in der äußern Welt eine allgemeine Tendenz zur Organisation sich offenbaren. So ist es wirklich. Das Weltsystem ist eine Art von Organisation, das sich von einem gemeinschaftlichen Zentrum aus gebildet hat. Die Kräfte der chemischen Materie sind schon jenseits des bloß Mechanischen. Selbst rohe Materien, die sich aus einem gemeinschaftlichen Medium scheiden, schießen in regelmäßigen Figuren an. Der allgemeine Bildungstrieb der Natur verliert sich zuletzt in einer Unendlichkeit, welche zu ermessen selbst das gewaffnete Auge nicht mehr fähig ist. Der stete und feste Gang der Natur zur Organisation verrät deutlich genug einen regen Trieb, der, mit der rohen Materie gleichsam ringend, jetzt siegt, jetzt unterliegt, jetzt in freieren, jetzt in beschränkteren Formen sich durchbricht. Es ist der allgemeine Geist der Natur, der allmählich die rohe Materie sich selbst anbildet. Vom Moosgeflechte an, an dem kaum noch die Spur der Organisation sichtbar ist, bis zur veredelten Gestalt, die die Fesseln der Materie abgestreift zu haben scheint, herrscht ein und derselbe Trieb, der nach einem und demselben Ideal von Zweckmäßigkeit zu arbeiten, ins Unendliche fort ein und dasselbe Urbild, die reine Form unseres Geistes, auszudrücken bestrebt ist.*

Es ist keine Organisation denkbar ohne produktive Kraft. Ich möchte wissen, wie eine solche Kraft in die Materie käme, wenn wir dieselbe als ein Ding an sich annehmen. Es ist hier kein Grund mehr, in Behauptungen vorsichtig zu sein. An dem, was täglich und vor unsern Augen geschieht, ist kein Zweifel möglich. Es ist produktive Kraft in Dingen außer uns. Eine solche Kraft aber ist nur die Kraft eines Geistes. Also können jene Dinge keine Dinge an sich – können nicht durch sich selbst wirklich sein. Sie können nur Geschöpfe, Produkte eines Geistes sein. Die Stufenfolge der Organisationen und der Übergang von der unbelebten zur belebten Natur verrät deutlich eine produktive Kraft, die erst allmählich sich zur vollen Freiheit entwickelt. Es ist also notwendig Leben in der Natur. So wie es eine Stufenfolge der Organisationen gibt, so wird es auch eine Stufenfolge des Lebens geben. Nur allmählich nähert sich der Geist sich selbst an. Es ist notwendig, daß er sich selbst äußerlich, und zwar als organisierte, belebte Materie erscheine. Denn nur das Leben ist das sichtbare Analogon des geistigen Seins.[104]

Die zitierten Sätze enthalten in nuce die gesamte Naturphilosophie Schellings einschließlich des Entwicklungsgedankens, der inneren Verwandtschaft aller Formen des Lebendigen, ja der Natur überhaupt, und der Vorstellung vom Primat des Organischen als Symbol des Geistes. – In den *Ideen zu einer Philosophie der Natur* (1797) heißt es: *Philosophie ist also nichts anderes, als eine Naturgeschichte unseres Geistes. Von nun an ist aller Dogmatismus von Grund aus umgekehrt. Wir betrachten das System unserer Vorstellungen nicht in seinem Sein, sondern in seinem Werden. Die Philosophie wird genetisch, d. h. sie läßt die ganze notwendige Reihe unserer Vorstellungen vor unseren Augen gleichsam entstehen und ablaufen. Von nun an ist zwischen Erfah-*

rung und Spekulation keine Trennung mehr. Das System der Natur ist zugleich das System unseres Geistes, und jetzt erst, nachdem die große Synthesis vollendet ist, kehrt unser Wissen zur Analysis (zum Forschen und Versuchen) zurück.[105] Solange ich selbst mit der Natur identisch bin, verstehe ich, was eine lebendige Natur ist, so gut, als ich mein eigenes Leben verstehe; begreife, wie dieses allgemeine Leben der Natur in mannigfaltigsten Formen, in stufenmäßigen Entwicklungen, in allmählichen Annäherungen zur Freiheit sich offenbart; sobald ich aber mich und mit mir alles Ideale von der Natur trenne, bleibt mir nichts übrig als ein totes Objekt und ich höre auf, zu begreifen, wie ein Leben außer mir möglich ist.[106]

Grundgedanken
der
Naturphilosophie

Will man einen Philosophen ehren, so muß man ihn da auffassen, wo er noch nicht zu den Folgen fortgegangen ist, in seinem Grundgedanken; denn in der weiteren Entwicklung kann er gegen seine eigne Absicht irren, und nichts ist leichter als in der Philosophie zu irren, wo jeder falsche Schritt von unendlichen Folgen ist, wo man überhaupt auf einem Weg sich befindet, der von allen Seiten von Abgründen umgeben ist. Der w a h r e Gedanke eines Philosophen ist eben sein Grundgedanke, der von dem er ausgeht. [107] (Aus der *Philosophie der Offenbarung*) Die skizzierte Einheit von Natur und Geist bzw. Sein und Erkennen kann man als «den» Grundgedanken der Naturphilosophie auffassen, auf dem alle anderen Gedanken aufbauen. Ich habe die Natur-Geist-Identität als den erkenntnistheoretischen Ausgangspunkt bezeichnet; hieraus lassen sich mehrere Grundgedanken ableiten, die sich unschwer als Abwandlungen oder Spezifizierungen des «einen» Zentralgedankens aufweisen lassen. So sind Überschneidungen und wechselseitige Durchdringungen unumgänglich. Im Übrigen lässt die folgende Systematisierung bewusst außer acht, dass die Gewichtung und Wertung der einzelnen Gedanken innerhalb des Jahrzehnts der Naturphilosophie (von späteren Jahren zu schweigen) alles andere als konstant bleibt. Mit diesen Einschränkungen lassen sich die Grundgedanken der Schellingschen Naturphilosophie thesenartig wie folgt zusammenfassen:

1. Das Universum ist ein absoluter Organismus – organisch im Ganzen und in jedem seiner Teile. Zum Organismus gehört das organisierende Prinzip des Geistes. Das Prinzip «Leben» ist allgegenwärtig im Kosmos. *Alles im Universum ist beseelt.*

2. Der absolute All-Organismus ist die Manifestation des Gött-

lichen. Alle Dinge sind in Gott enthalten (Panentheismus). Das All, als Selbstoffenbarung Gottes, ist gleichzeitig die Selbstanschauung und Selbsterkenntnis des Geistes. Die Vernunft hat Anteil am Göttlichen.

3. Die Substanz der Dinge ist die absolute Einheit von Subjekt und Objekt, Erkennen und Sein. Die organische Einheit der Natur umfasst stets Reales und Ideales, Sein und Bewusstsein, und entfaltet sich als dynamische Stufenfolge vom «Anorganischen» (das als solches nicht existiert) zum «Organischen» im engeren Sinne. Die Einheit der Natur beinhaltet den gemeinsamen Ursprung aller physikalischen Kräfte sowie die auf ein Urbild bezogene Gemeinsamkeit und innere Verwandtschaft aller Formen des Lebens. Dieses «Urbild» ist die höchste Form des Bewusstseins.

4. Daraus folgt der Entwicklungsgedanke: Das Naturgeschehen ist ein dialektischer Prozess des Werdens. Das Prinzip von Polarität und Steigerung treibt den Bewusstwerdungsprozess und damit den Gestaltenwandel voran. Dies gilt auch für die Geschichte. Alles starre «Sein» in der Natur ist eine Täuschung, die «Dinge» als solche sind Illusionen, Ausdruck gehemmter Kräfte.

5. Die Welt ist zugleich die unendliche Selbstbejahung des absoluten Geistes, das unendliche Sich-selber-Wollen, also im Innersten absoluter Wille. *Der Abdruck dieses ewigen und unendlichen sich-selber-Wollens ist die Welt.*[109]

6. Das Universum ist ein göttliches Kunstwerk. Wahrheit, Schönheit und absolute Einheit sind miteinander identisch.

7. Die Schöpfung ist kein einmaliger Akt, sondern ewiger Prozess: die Welt als fortwährende Schöpfung.

8. Die Welt der Erscheinungen ist *halb-real:* An sich ist alles

Endliche ohne Realität; es erhält den Charakter des Wirklichen durch die *Ein-Bildung* des Unendlichen in das Endliche, die Einwirkung der göttlichen Ideen oder Monaden, die der göttlichen Einheit entstammen.

9. Die Totalität des Universums ist die Einheit in der Unendlichkeit und die Unendlichkeit in der Einheit. Dies manifestiert sich in Schwere und Licht.

10. Der «Sinn» des Weltprozesses ist die Zurückführung des Endlichen in das Absolute, die potenzierte Wiederherstellung der Einheit des Ursprungs, der höchsten Stufe der Selbstbewusstwerdung des Geistes.

Eine differenzierte Darstellung der Grundgedanken würde den Rahmen dieser Monographie sprengen. So seien einige Aspekte herausgegriffen. – Neben der Subjekt-Objekt-Identität steht der Gedanke der organischen Struktur von Natur und Kosmos an oberster Stelle. Hier beruft sich Schelling auf Platons «Timaios» sowie auf Giordano Bruno und Leibniz. Er betont die Absolutheit, das heißt Unbedingtheit des Weltorganismus, und zwar in bewusster Abgrenzung zur mechanistisch-materialistischen Auffassung, wonach der Organismus lediglich eine Folge des Mechanismus ist. In der Schrift *Von der Weltseele* (1798) heißt es: *Sobald nur unsere Betrachtung zur Idee der Natur als eines G a n z e n sich emporhebt, verschwindet der Gegensatz zwischen Mechanismus und Organismus, der die Fortschritte der Naturwissenschaft lange genug aufgehalten, und der auch unserm Unternehmen bei manchen zuwider sein könnte.*[110] Hier muss bedacht werden, dass im ausgehenden 18. Jahrhundert die Überzeugung vorherrschte, das Phänomen «Leben» überhaupt entziehe sich der wissenschaftlichen Betrachtung. Kant hat dies unmissverständlich zum Ausdruck gebracht; kein Grashalm, hebt Kant hervor, könne aus kausal-mechanischen Prinzipien heraus verständlich gemacht werden. Dass jemals ein «Newton der organischen Welt» kommen werde, hielt er für unmöglich. Gegen Ende des 19. Jahrhunderts bezieht sich Ernst Haeckel auf diese Aussage Kants (in der «Kritik der Urteilskraft»), indem er Charles Darwin als eben jenen «Newton der organischen Weit» hinstellt, der die kausal-mechanische Entstehung des Lebendigen bewiesen habe.

Schelling versucht den Abgrund, der zwischen der anorganischen, mechanisch beschreibbaren Welt und derjenigen des Organischen besteht, dadurch zu überbrücken, dass er das Prinzip des Organismus bereits in die Materie selbst verlegt. Alle Naturphänomene sind für ihn Produkte der beständigen *organischen Metamorphose des Universums* [111]. In dem *System der gesamten Philosophie und der Naturphilosophie insbesondere* gibt Schelling die vielleicht klarste Darstellung seines Organismus-Gedankens: *Denn nichts der allgemeinen Substanz Fremdes ist die Erscheinung des Lebens; das Leben tritt von selbst hervor, wo die Schranke der Endlichkeit fällt, und aus dem Kern der Materie selbst sproßt die Blüte des organischen Lebens hervor. Es bedarf keiner Urkeime, die wir in das Chaos ausgestreut sein ließen, gleichsam als unmittelbar aus der Hand des Schöpfers gefallen. A l l e s ist Urkeim oder nichts. Jeder Teil der Materie lebt nicht nur, sondern ist auch ein Universum von verschiedenen Arten des Lebens, wenn gleich die starre Selbstheit dies unendliche Leben zurückdrängt. Die Materie selbst gebiert aus der Fülle ihrer Substanz, was sich in der Natur entwickelt. In dem ersten Wesen aller Materie schon, welches dann erst sich in Unorganisches und Organisches scheidet, liegt das Organische präformiert, und hätte die Erde z. B.*

107

nicht schon längst ausgeblüht und wie der mütterliche Stamm ihre reifen Früchte zu immer neuer Fortpflanzung um sich zerstreut, so würde ihr dieser Blütestand noch bevorstehen. Viele Weltkörper mögen diesen Moment noch nicht erreicht haben, wo die wilden Kämpfe der Materie ihr Ziel finden, und die Materie, um aus diesem Streit mit dem Licht zu treten, selbst Licht wird, und die Schwere in einer höheren Potenz das Licht gemeinschaftlich mit der Materie in einem und demselben gebiert. Nur freilich darf hier auch an keinen Ursprung des Organischen aus dem Unorganischen gedacht werden, welcher nicht nur, wie Kant sagt, ein Abenteuer der Vernunft, sondern ein Ungeheuer und eine Ungereimtheit ist. Der Anorgismus (d. h. Nicht-Organismus) *ist nur der negierte Organismus, das Tote nur das zurückgedrängte Leben. In starre Bande geschlagen liegt es in den toten Überresten der wahren Substanz, der Erde z. B., vor uns. Nicht ein Kausalverhältnis zwischen der Erde und dem Organischen hat diesem das Dasein gegeben. Die Erde, und nicht nur diese, jeder Teil der Materie i s t schon Pflanze und Tier, sie kann es nur werden, weil sie es schon ist. Wir behaupten nicht einen zeitlichen, sondern einen ewigen Ursprung oder vielmehr ein ewiges Dasein des Organischen und des Lebens. Noch immer unvollkommen entwickelt zeigt uns der einzelne Organismus jenes Leben, jene Unendlichkeit, die das Wesen, das An-sich aller Materie ist. Ist nun das Organische überhaupt nichts zeitlich Entstandenes, so noch weniger aus dem Unorganischen. Was ist denn dies Unorganische außer dem Gegensatz mit dem Organischen? Und haben nicht beide vielmehr eine gemeinschaftliche Abkunft, als daß jenes der Grund von diesem wäre. Nicht das Unorganische ist das, woraus Pflanzen und Tiere geworden sind, es ist vielmehr dasjenige von der Erde, derjenige Anteil, der nicht Tier, nicht Pflanze in specie wurde, der*

zurücksank in die allgemeine Nacht, in die Identität des Daseins ...
Auch die sogenannte tote Materie ist nur eine schlafende, gleich-
sam vor Endlichkeit trunkene Tier-und Pflanzenwelt, die ihre Auf-
erstehung noch erwartet oder den Moment derselben versäumt
hat.

Ähnliche Formulierungen finden sich bereits in der *Darstel-*
lung meines Systems der Philosophie. Der obigen Textpassage
geht ein Zitat aus Giordano Brunos Dialog «Von der Ursache,
dem Prinzip und dem Einen» voraus, in dem die Entwicklungs-
möglichkeit auch des kleinsten Teils der Materie zum Organischen hin beschrieben wird. Auf die naturphilosophische Abhängigkeit Schellings von Bruno hat insbesondere Simon Kraus
hingewiesen, der sich seinerseits als Naturphilosoph auf den
großen Renaissancedenker als seinen Vorläufer beruft. In seiner
Schrift «Der Baustoff der Welt» schreibt er, die naturphilosophischen Bestrebungen von Goethe und Novalis einbeziehend:
«Giordano Brunos Bemühungen um eine Verlebendigung der
Weltvorstellungen fruchteten nur bei einem kleinen Kreis von
Menschen, unter denen Schelling, Goethe und Novalis hervorra-
gen.»

Der Hinweis Schellings auf die Allgegenwart und Ewigkeit
des Lebens im Universum ist von außerordentlicher Tragweite,
sowohl für die Biologie, deren neueste Ergebnisse die Verifizier-
barkeit der Schellingschen Thesen zu belegen scheinen, als auch
für die Kosmologie. Allerdings nimmt die moderne Naturwissenschaft, in durchaus unberechtigter Arroganz, eine Persönlichkeit wie Schelling überhaupt nicht zur Kenntnis, wenn man
von beiläufigen Erwähnungen absieht.

Einige der «Grundthesen» zur Naturphilosophie seien mit Zitaten verdeutlicht und untermauert. In den *Aphorismen zur Ein-*

leitung in die Naturphilosophie von 1806 schreibt Schelling: *Es gibt keine höhere Offenbarung weder in Wissenschaft noch in Religion oder Kunst als die der Göttlichkeit des All; ja von dieser Offenbarung fangen jene erst an und haben Bedeutung nur durch sie. Dasselbe, was von Gott wahr ist, daß er nämlich die Einheit und die Unendlichkeit der Positionen gleich ewig in sich trägt, läßt sich auch von dem All zeigen. Ein All vermag nicht zu sein, was nur aus Teilen zusammenfließt, sondern, was an sich unteilbare Position ist, und, die Teile in sich begreifend, insofern der Idee nach ihnen vorangeht. Ein All vermag aber auch nicht zu sein, was bloße Einheit ist, in der das Leben des Besondern unterdrückt ist, sondern nur das, darin mit der Einheit auch die unendliche Freiheit des besondern Lebens besteht. Gott und All sind daher völlig gleiche Ideen.*[116] *Das Gottgleiche All ist nicht allein das ausgesprochene Wort Gottes, sondern selbst das sprechende, nicht das erschaffene, sondern das selbst schaffende und sich selbst offenbarende auf unendliche Weise.*[117] Die letztzitierte Aussage könnte fast wörtlich von Giordano Bruno stammen.

Die Einheit in der Unendlichkeit, oder die Einheit, inwiefern sie Zentrum ist in jeder Position für sich, ist der Grund der Natur als der ewigen Geburt aller Dinge; die zeitliche Natur aber, oder die Natur der Erscheinung nach, ist nicht die reine Einheit in der Unendlichkeit, sondern die Einheit, inwiefern sie, zwar der Unendlichkeit eingeboren, nur durch Relationen hindurchleuchtet.[118] *In jedem organischen Wesen, ja in jedem, auch dem kleinsten Teil desselben, erkennst du die aktuelle Unendlichkeit und die Einheit jede für sich und dennoch als Eins. Aber jedes Atom der Materie ist eine ebenso unendliche Welt als das ganze Universum; im kleinsten Teil tönt das ewige Wort der göttlichen Bejahung wieder.*[119] In den *Aphorismen über die Naturphilosophie* (1806) heißt es: *Die gänzliche Einheit und Unteilbarkeit alles Seins wird eben durch jenen von uns beschriebenen Wechsel der Formen offenbar. Wie alle Dinge zuletzt aufgelöst sind in die Existenz der Einen Substanz, zu welcher alles gehört: so nimmt das Höhere das Niedere-re in sich auf als ein zu seiner Existenz Gehöriges. Erde, Luft, Wasser werden in die Pflanze, die Pflanze in das Tier, das niedere Tier in das höhere, alles zuletzt in das Gestirn, das Gestirn selbst in das All, das All in die ewige Substanz aufgenommen. Jedes Niedere gehört also zur Existenz eines Höheren, alles zuletzt zur Existenz des ewig Einen und unendlich-Vollen, aber eben darum wird es nicht von ihm hervorgebracht, sondern ist mit ihm zu-mal.*[120] «Substanz» wird hier von Schelling verstanden als die absolute Identität von Idealem und Realem, Subjekt und Objekt, Geist und Sein. Die Substanz ist das Absolute, der göttliche Weltenwille: *Das Absolute ist aber nicht allein ein Wollen seiner selbst, sondern ein Wollen auf unendliche Weise, also in allen Formen, Graden und Potenzen der Realität.*[121]

Zur lebendigen Dialektik im Naturprozess heißt es in der Schrift gegen Fichte: *Der Vernunft aber ist der Gegensatz ebenso ursprünglich und wahr als die Einheit, und nur damit, daß sie bei-de gleicherweise, und selbst als Eines, begreift, erkennt sie die le-bendige Identität. Der Gegensatz muß sein, weil ein Leben sein muß; denn der Gegensatz selbst ist das Leben und die Bewegung in der Einheit; aber die wahre Identität hält ihn selbst unter sich als bewältigt, d. h. sie setzt ihn als Gegensatz und als Einheit zu-gleich, und ist so erst die in sich bewegliche, quellende und schaf-fende Einheit.*[122] Einheit ohne die lebendige Dialektik der Gegen-sätze wäre unvermögend, die Fülle der Lebensformen im Universum hervorzubringen. Das dynamische Gegeneinanderwirken von Sein und Bewusstsein, Subjekt und Objekt. Unendli-

111

chem und Endlichem treibt den Prozess der Natur nach Schelling voran. In der unbelebt erscheinenden Materie manifestiert sich dieser Gegensatz als ein Übergewicht des (objektiven) Seins, im menschlichen Selbstbewusstsein als ein solcher des Bewusstseins oder des Subjektiven. Dennoch ist auch im geisterfüllten Ich-Bewusstsein ein Rest von Objektivem enthalten, ein Rest von «Sein», der unaufhebbar bleibt. Der Bewusstwerdungsprozess der Natur verläuft von niederen Formen der Bewusstheit hinauf zum Selbstbewusstsein des Geistes in seiner höchsten Form. Stets jedoch wirkt auf dem Grunde der Dinge die göttliche Substanz, das absolute Subjekt-Objekt oder die Identität des Realen und Idealen.

Die Erkenntnis des dialektischen Prozesses der physikalischen Kräfte führt Schelling im Jahre 1799 zu einer bemerkenswerten Theorie der Materie, innerhalb derer eine *dynamische Atomistik* dem materialistischen und mechanistischen Atomismus als Alternative entgegengestellt wird. Hiermit verbindet Schelling den Anspruch, einen wesentlichen Beitrag zur physikalischen Erkenntnis geleistet zu haben. Einige Andeutungen hierzu mögen genügen. Schellings Ausgangspunkt ist die Betrachtung der Materie als Prozess und Geschehen, als unaufhörliche Produktivität im Gegensatz zum bloßen Produkt, zum starren Sein. Die «Dinglichkeit» des Materiellen wird vollständig aufgelöst zugunsten einer dynamischen Erklärung durch ursprüngliche Kräfte und die hier zum Tragen kommenden Gegensätze, unter anderem von Anziehung (Attraktion) und Abstoßung (Repulsion). Der Gegensatz wird als Erklärungsprinzip vorausgesetzt und die Möglichkeit seiner physikalischen Ableitung zurückgewiesen. Schelling versucht nichts Geringeres als eine vollständige «Entmaterialisierung» der Materie vom Ent-

112

stehungsprozess her, eine naturphilosophische Überwindung des Materialismus. Es finden sich Formulierungen, die an die elektromagnetische Materietheorie des späten 19. Jahrhunderts erinnern; in dieser wurde der Versuch unternommen, die Gesetze der Mechanik elektromagnetisch zu begründen. Schelling schreibt: ... *was sind denn die Körper selbst als verdichtete (gehemmte) Elektrizität?* [123] Oder: *Es ist also Ein Gegensatz, der in allen dynamischen Phänomenen – in denen des Magnetismus, der Elektrizität und des Lichts herrscht, z. B. der Gegensatz, der Bedingung der elektrischen Erscheinungen ist, muß schon mit eingehen in die erste Konstruktion der Materie. Denn alle Körper sind ja elektrisch.* [124] Noch in dem *Weltalter*-Entwurf von 1813 heißt es: ... *daß die Materie einer elektrischen Vergeistigung und Auflösung fähig ist, in der sie nicht bloß für die natürlichen chemischen Verwandtschaften unempfänglich ist, sondern auch alle anderen körperlichen Eigenschaften ablegt.* [125] Dies weist auf die Faradaysche Feldtheorie, die auch die Gravitation einbezieht. – Im Mittelpunkt des *Ersten Entwurfs eines Systems der Naturphilosophie* (1799) steht das Bemühen, magnetische, elektrische und chemische Erscheinungen mit den Manifestationen des Organischen (im engeren Sinne) in einen großen Zusammenhang zu bringen. *Jener große Zusammenhang, den eine wissenschaftliche Physik aufstellen muß, erstreckt sich über die ganze Natur.* [126]

Die einzelne Naturerscheinung ist nach Schelling nur zu denken *als bestimmte Einschränkung der produktiven Tätigkeit (des einzigen und letzten Substrats aller Realität) ... Für die Naturwissenschaft ist also die Natur ursprünglich nur Produktivität, und von dieser als ihrem Prinzip muß die Wissenschaft ausgehen.* [127] *Die Natur als bloßes Produkt (natura naturata) nennen wir Natur als Objekt (auf diese allein geht alle Empirie). Die Natur als*

Produktivität (natura naturans) nennen wir Natur als Subjekt (auf diese allein geht alle Theorie).[128] Die Tätigkeit der Natur wird aufrechterhalten durch den unaufhörlichen Widerstreit zwischen Produktivität und Produkt; dies ist jene «*allgemeine Duplizität der Prinzipien*», welche verhindert, dass sich die Natur jemals in einem ihrer Produkte erschöpft.[129] *Alle physikalische Erklärung kann nur darauf gehen, alle Gegensätze, die in der Natur erscheinen, auf jenen ursprünglichen Gegensatz im Innern der Natur, d e r   s e l b s t   n i c h t   m e h r   e r s c h e i n t, zurückzuführen. – Warum ist kein ursprüngliches Phänomen der Natur ohne jene Dualität, wenn nicht in der Natur ins Unendliche fort alles sich wechselseitig Subjekt und Objekt, und die Natur ursprünglich schon Produkt und produktiv zugleich ist?*[130] Hier deutet sich bereits der Schellingsche Real-Idealismus, die Lehre von der wesensmäßigen Subjekt-Objekt-Identität an.

Das Verharren der Natur in einzelnen Produkten deutet Schelling als Schein und Täuschung: Was von außen als ewiges Werden und von innen als ewige Produktivität anzusehen ist, kommt niemals wirklich zum Stillstand. Natur ist nie ohne Bewegung; alle Konstanten sind Fiktionen. Die *Scheinprodukte* der Natur sind *Hemmungspunkte* der an sich unendlichen Tätigkeit.[131] *... aber in jedem Hemmungspunkt ist noch das Unendliche.*[132] Die ewige Schöpferkraft der Natur wird gleichsam aufgehalten durch eine diametral entgegengesetzte Strömung; der resultierende Widerstand mündet in eine Art Wirbel. *Ein solcher Wirbel ist jedes ursprüngliche Naturprodukt, jede Organisation z. B. Der Wirbel ist nicht etwas Feststehendes, sondern beständig Wandelbares – aber in jedem Augenblick neu Reproduziertes. Kein Produkt in der Natur ist also f i x i e r t, sondern in jedem Augenblick durch die Kraft der ganzen Natur reproduziert.*[133] Dies sind erstaunliche Aussagen, die erst aus der späteren Feldtheorie verständlich werden. – Die kleinsten Einheiten der Natur sind nach Schelling keine materiellen Teilchen im Sinne des materialistischen Atomismus, sondern Kraftwirbel, Zentren unaufhörlicher Bewegungsvorgänge, *Ur-Aktionen* der Produktivität der Natur. Das Atom als Geschehen, als Bewegung und dynamische Kraft – dies ist der Kern des Schellingschen Atomismus. Als Leitgedanke dient die Vorstellung von der wesensmäßigen Einheit aller physikalischen Kräfte. *Und so wäre es denn wohl Zeit, auch in der organischen Natur jene Stufenfolge aufzuzeigen, und den Gedanken zu rechtfertigen, daß die organischen Kräfte, Sensibilität, Irritabilität und Bildungstrieb alle nur Zweige Einer Kraft seien, ebenso ohne Zweifel, wie im Licht, in der Elektrizität usw. nur Eine Kraft in ihren verschiedenen Erscheinungen hervortritt. Wenn in der organischen Natur nur der allgemeine Organismus gleichsam sich kontrahiert, so müssen in der allgemeinen Natur wenigstens die Analoga aller jener organischen Kräfte vorkommen.*[134]

Das Beispiel der Schwere:

Physik und Metaphysik der Gravitation

Die Gravitationstheorie Schellings hat nicht jene Beachtung gefunden, die ihrer naturphilosophischen Bedeutung entspricht. Auch eine geistesgeschichtliche Einordnung und Würdigung ist meines Wissens nicht erfolgt. Hier gilt Ähnliches wie für die Schellingsche Kritik an der Himmelsmechanik Newtons, die mit der Schwerevorstellung eng verflochten ist. Dies erscheint insofern merkwürdig, als die Physik bis heute keine vollständig abgesicherte, Wesen und Ursprung der Gravitation einbeziehende Theorie vorzulegen vermochte.

Zu den Eigentümlichkeiten des Newtonschen Gravitationsgesetzes gehört der Umstand, dass in ihm der Faktor «Zeit» nicht enthalten ist: Von den Gravitationswechselwirkungen wird angenommen, dass sie «instantan», das heißt «augenblicklich» wirken, und zwar über jede beliebige Entfernung hinweg. Die Schwerewirkungen nehmen mit dem Quadrat der Entfernung ab, sind als solche unbegrenzt und weder durch dazwischenliegende Materie noch durch andere Schwerefelder abschirmbar. Dies gehört zu den Prämissen, von denen die Newtonsche Mechanik ausgeht. Dass Newton von einem göttlichen Ursprung der Gravitation überzeugt war, wurde bereits angedeutet. In der von ihm begründeten Himmelsmechanik werden die Gestirne zu trägen und schweren «Klumpen» von Materie, die permanent um einander «herumfallem» bzw. sich um die jeweiligen (fiktiven) Schwerpunkte herumbewegen. Ein «Ur-Stoß» hat die Planeten einst in Gang gesetzt, ihnen eine tendenziell geradlinig-gleichförmige Bewegung erteilt, welche durch die Massenanziehung des Sonnenkörpers zur elliptischen Bahn herumgebogen wurde. Weiter nimmt Newton an, dass die Bewegungen der Himmelskörper umeinander Fall- und Wurfvorgängen auf der Erdoberfläche gleichzusetzen seien; in dieser Vereinigung von irdischer und himmlischer Dynamik wird allgemein die große Leistung Newtons gesehen. Das Sonnensystem ist in dieser Sichtweise ein mechanisches Perpetuum mobile, weniger allerdings bei Newton selbst als bei seinen Nachfolgern. Newton lehnte es ausdrücklich ab, die harmonische Geschlossenheit des Sonnensystems mit rein mechanischen Ursachen in Verbindung zu bringen. Fortwährende göttliche Eingriffe waren für ihn unerlässlich. Die mechanistische Grundfigur ist gleichwohl von Newton selbst geschaffen worden, die Interpretation der Planetenbewegung ohne die Annahme einer diese unmittelbar antreibenden und aufrechterhaltenden Kraft, an deren Stelle die absolute Größe «Trägheit» gesetzt wird. Die Anziehungskraft der Sonne wird durch die Fliehkraft des jeweiligen Planeten kompensiert – auch dies ist ein wesentlicher Bestandteil der mechanistischen Deutung des Planetensystems. – Die Nachfolger Newtons erklärten die Gravitation zur unableitbaren Grundkraft der Materie; sie postulierten die noch von Newton zurückgewiesene Fernwirkung. Nach dieser verschwindet die Schwerewirkung in dem Raumpunkt A, um an beliebiger Stelle, etwa im Raumpunkt B, wieder aufzutauchen. Dazwischen liegt «leerer Raum», physikalisch ereignet sich nichts; die Schwerefelder behindern sich gegenseitig nicht. Dies soll für jedes materielle Teilchen im Universum gelten – eine erstaunliche Fiktion, die naturgemäß unbeweisbar ist.

Seit Michael Faraday wird der Gedanke der Fernwirkung in der Physik zunehmend angezweifelt; das «Feld» wird nunmehr zum Übertragungsmedium, die Nahewirkung ersetzt die Fernwirkung. Schaltet man nach wie vor die Zeit aus, wie dies im Gravitationsgesetz geschieht, müsste man sich zu dem Gedanken einer unendlichen Impulsgeschwindigkeit entlang der Feldlinien bequemen. Dies versucht Albert Einstein zu umgehen, indem er die Lichtgeschwindigkeit auch für Gravitationswirkungen postuliert, was niemals schlüssig bewiesen wurde. Dagegen denkt Simon Kraus die Übertragung der Feldvorstellung auf die Gravitationsfelder der Gestirne konsequent zu Ende. – Schelling kritisiert an Isaac Newton und seinen Nachfolgern die Eliminierung der Gravitationsursache: Schwere werde lediglich als mathematisches, nicht aber als physikalisches Problem behandelt. *... warum sollte nicht endlich auch die Attraktion aus einem bloß mathematischen in ein physikalisches Problem übergehen?* [135]

Nun lässt sich kaum ernsthaft behaupten, dass etwa Schellings Versuch, die Keplerschen Gesetze der Planetenbewegung aus der *absoluten Vernunft* abzuleiten, überzeugend wirkt. Interessant ist hieran lediglich, dass Schelling, wie auch Novalis, Kepler gegen Newton ausspielt. Dies mag in der eigentümlichen Zwiespältigkeit der Persönlichkeit Keplers begründet liegen, seiner sowohl platonisch-spirituellen als auch mathematisch-abstrakten Ausrichtung. Naturphilosophisch bemerkenswerter sind andere Aussagen Schellings, die sich vornehmlich in den Jahren 1804 bis 1806 finden, in denen wiederholt auf die Unhaltbarkeit des Fernwirkungsgedankens verwiesen wird. Die Ursache der Gravitation kann nach Schelling nur in der unendlichen göttlichen Substanz, und zwar in ihrem «realen» Aspekt liegen, im Streben der Vielheit zur Einheit, der Materie zu ihrem Ursprung und Realitätsgrund. Dies ist eine Art Synthese von Newtons Glauben an die göttliche Bedingtheit der Schwere und einer sublimierten Äthertheorie, die den Feldbegriff Faradays vorwegnimmt.

Franz von Baader, so schreibt Schelling 1804, habe *die Schwere zuerst wieder in ihre eigentliche Würde eingesetzt* [136]; er verweist auf die 1798 veröffentlichte Abhandlung Baaders «Über das pythagoräische Quadrat oder die vier Weltgegenden». In dieser heißt es zu Beginn: Diese kleine Schrift entstand bei Durchlesung des neulich erschienenen Werkes von H. Schelling (über die Weltseele), welches ich als den ersten Boten eines herannahenden Frühlings, d. h. als die erste erfreuliche Äußerung der von dem Totenschlaf der Atomistik wieder aufwachenden Physik, dankbar bewillkommnete.»[137] Wichtig für unseren Zusammenhang ist der Umstand, dass Baader die Newtonsche Mechanik zurückweist; an deren Stelle setzt er eine lebendige Interpretation der Schwere: Gravitation müsse verstanden werden als «vom Zentrum (Massenpunkt) unseres Planeten aus strahlend sich verbreitende Kraft oder unsichtbare Allgewalt», nicht dagegen «als Effekt einer bloßen Häufung einer zahllosen Menge nichtselbständiger einzelner Ursachen», da diese Häufung außerstande sei, «ein ihnen allen gemeinsames aktives Zentrum zu erzeugen».[138] Schwere ist nach Baader die Äußerung des alle einzelnen Körper umgreifenden und diese tragenden «Individuums» eines Gestirns. – Zwar kann diese Einordnung kaum als ernsthafte Alternative zur Newtonschen Mechanik angesehen werden, aber sie enthält doch jenen metaphysischen Ganzheitsbezug, welcher dem mechanistischen Denken fehlt. Das als «Individuum» betrachtete Gestirn fügt die Schwerewirkungen zur lebendigen Einheit, macht sie zur Äußerung der unteilbaren Substanz, die aus dem Gestirnmittelpunkt verstrahlt. Schelling führt diesen Gedanken weiter, indem er (1802) darauf hinweist, dass die physikalischen Bestimmungen der Teile eines Himmelskörpers auf dessen Oberfläche nicht auf das Gestirnganze zu übertragen seien.[139] Damit wird Newton radikal widersprochen. Das Ganze des Gestirns ist auch für den späteren Schelling ein spiritueller Komplex, der mit den Kategorien erdoberflächenverhafteter Mechanik nicht zu erfassen ist. Schelling steht hier eigentümlich zwischen Giordano Brunos «Vom Unendlichen, dem All und den Welten» (1584) und Simon Kraus' «Der Baustoff der Welt» (1970). Das gilt auch für die Schellingsche Gravitationstheorie, die neben einem metaphysischen einen physikalischen Aspekt aufweist. Schellings Versuch, das Rätsel der Schwere zu lösen, gehört zum Tiefsten, was sich vonseiten der Philosophie dazu sagen lässt. Die Schwerekonzeption steht im Gesamtzusammenhang der Identitätsphilosophie, also der Lehre von der Einheit von Erkennen und Sein, Subjekt und Objekt, Idealem und Realem. Diese Identität ist alles andere als unlebendige «Einerleiheit», wie dies Kritiker häufig sehen wollten, sondern die Einheit des Organismus. Nach Schelling ist das absolute Subjekt-Objekt die unendliche Substanz des Universums, die sich in einer «realen» und «idealen» Wirkung manifestiert. Das reale, materielle Universum ist die unendliche und ewige Selbstbejahung («Affirmation») des göttlichen Willens, von der Seite des Objekts, also des «Bejahten» aus gesehen. Das «ideale Universum», mit dem realen in organischer Einheit verbunden, bezeichnet das Göttliche von der Seite des Wollens, der Tätigkeit, des Subjekts. So gibt es nach Schelling zwar nur eine göttliche Substanz, die sich aber als *unendliche reale Substanz* sowie als *unendliche ideale Substanz* offenbart oder auswirkt. Diese Gedanken sind für sich genommen zunächst schwer nachzuvollziehen und auch meist missverstanden worden. Auch gibt es erhebliche Formulierungsungenauigkeiten und Widersprüche, was jedoch über die Tiefe des denkerischen A n s a t z e s nicht hinwegtäuschen darf.

In dem *System der gesamten Philosophie und der Naturphiloso-*

phie insbesondere schreibt Schelling: *Die Materie als Masse kann sich zu der unendlichen realen Substanz nur als zu ihrem G r u n d e verhalten.* Und: *Die unendliche reale Substanz oder die absolute Identität, sofern sie sich zu den besonderen Dingen als Grund von Realität verhält, ist S c h w e r e.*[140] Schwere (Gravitation) ist also nach Schelling das Fundament der Materie, ihr Realgrund, nicht eine unerklärbare Grundkraft der Materie, wie die Anhänger Newtons meinen, sondern in sich reales Sein, lebendige Wirklichkeit.

Wenn man den philosophischen Begriff der «realen Substanz» in den Bereich physikalischer Wirkung überträgt, ihn als zuhöchst sublimierten Weltenbaustoff oder als Ur-Feld begreift, so ergibt sich die eindrucksvolle Schlussfolgerung, dass Schwere die unmittelbarste Wirkung des Urfeldes oder der Grundsubstanz alles Materiellen darstellt. Gravitation wird zur «Schwellenkraft», die zwischen dem Absoluten und der materiellen Welt vermittelt. Dann allerdings kann die Newtonsche Massenanziehungstheorie nicht mehr stimmen; Schwere kann, wie Schelling schreibt, *auf keinem einseitigen Kausalverhältnis einer Masse zu einer andern Masse beruhen* [141]. *Jedes Ding gravitiert unmittelbar nur gegen das schlechthin Eine, die unendliche Substanz, und nur dadurch gegen alles.*[142]

Damit wird auch die Vorstellung von der Fernwirkung hinfällig. In den *Aphorismen über die Naturphilosophie* heißt es dazu: *Den Grund der Schwere in eine Kraft oder Eigenschaft des Körpers und der Masse setzen, heißt den Gott leugnen, der in der Schwere ist, und die Natur vom ersten Grund aus entgöttern.*[143] *Da in der wahren Substanz kein Abstand, keine Nähe noch Ferne ist, so ist Wirkung in die Ferne ein Unding in der Natur. Alles, das durch die göttliche Einheit der Dinge vermittelt wird, ist der abstrakten Be-*

trachtungsart eine Wirkung in die Distanz.[144] Diese Aussagen stehen Newton selbst näher als den Anhängern und Nachfolgern Newtons. Es ist eine Ironie der Wissenschaftsgeschichte, dass in vielen Lehrbüchern der Physik Newton als Schöpfer der Fernwirkungstheorie bezeichnet wird, die er scharf abgelehnt, ja als völlig unhaltbar und absurd hingestellt hat. Und es ist bezeichnend, dass sich gerade der Urheber des vor-Einsteinschen Feldbegriffs, Faraday, ausdrücklich auf die betreffenden Briefstellen Newtons (an Bentley) beruft und diese gegen die «Newtonsche Mechanik» seiner Zeit ausspielt. Einige Jahre später folgt auch Maxwell dem Beispiel Faradays. – Schwere ist nach Schelling das Streben der Materie in ihren Ursprung, ihren Realgrund: die göttliche Substanz, die Einheit des realen Universums. *Das, was in jedem Ding das Schwere ist, und das, wogegen es schwer ist, ist ein und dasselbe.*[145] *Diese Einheit der Dinge ist das Geheimnis der Schwere in der Natur.*[146] *Die Substanz in der Schwere durchscheinet alle Dinge, und begreifet sie alle, ob sie gleich selbst nicht begriffen wird. Ihr ist nichts weder undurchdringlich, noch dunkel, noch teilbar, sondern alles als in absoluter Einigkeit.*[147] Damit ist das bekannte Faktum der Nicht-Abschirmbarkeit der Gravitation philosophisch begründet. *Die Dinge, in der Abstraktion betrachtet, sind sich notwendig fremd und ohne Gemeinschaft, wie jeder Punkt des Raums dem andern fremd und uneinbar ist. Die Einigung der Dinge in der Schwere kann also ihren Grund nicht in den Dingen selbst, als solchen und abstracte betrachtet, haben, sondern umgekehrt vielmehr die Dinge haben ihren Grund in der Einheit, die das Wesen der Schwere ist.*[148] Gegen Ende der *Aphorismen über die Naturphilosophie* identifiziert Schelling die *lebendige Einheit von Licht und Schwere* als das Wesen der schaffenden Natur.[149] Die ausführlichste

124

Darstellung über das Zusammenwirken von Schwere und Licht im Sinne des Real-Idealismus findet sich in dem *System der gesamten Philosophie und der Naturphilosophie* insbesondere. Darauf soll hier nicht näher eingegangen werden. Erwähnt sei lediglich, dass Licht und Schwere als verschiedene Erscheinungsformen der unendlichen Substanz interpretiert werden: Das Licht wirkt der Schwere entgegen, es entreißt der Schwere und dem Dunkel die lebendige Fülle der Erscheinungen. Licht wiederum ist nach Schelling mit der Elektrizität und dem Magnetismus physikalisch eng verwandt.

Zur Wirkungsgeschichte
der Naturphilosophie

Die Geschichte der geistigen Wirkungen eines Denkers geht häufig seltsame Wege. So kann ein Minimum an Information ein Maximum an Wirkung auslösen, wenn diese als produktive Aneignung und lebendige Impulsaufnahme verstanden wird. Dagegen kann ein Maximum an Information über einen Philosophen wirkungsgeschichtlich völlig bedeutungslos sein: Was im akademischen Bereich sehr häufig ist. Hinzu kommt ein weiteres: Die Quantität der namentlichen Erwähnung eines Philosophen hat für sich genommen nur eingeschränkte Aussagekraft; die denkerische Verarbeitung kann gering sein, auch wenn der Name oft auftaucht. Zudem ist die Wirkungsgeschichte reich an Missverständnissen und Fehldeutungen. Auch gibt es Formen des Weiterwirkens, in denen der Name des betreffenden Philosophen überhaupt nicht erwähnt wird. Andererseits bedeutet verbale Gegnerschaft durchaus nicht immer denkerisch-philosophische Gegensätzlichkeit, was sich etwa am Verhältnis Schopenhauers zu Schelling nachweisen lässt. – Als Letztes sei erwähnt, dass auch die Vorgeschichte eines Denkers ein maßgeblicher Teil von dessen Wirkungsgeschichte ist. Wenn Schelling Einflüsse Giordano Brunos oder Spinozas aufnimmt, dann ist die Wirkung Schellings immer auch ein Stück Bruno bzw. Spinoza-Wirkung.

Im Folgenden sollen einige Beispiele für das schöpferische Weiterwirken der Schellingschen Naturphilosophie skizziert werden; die jeweilige Übermittlungsform spielt dabei eine sekundäre Rolle. Einiges wurde bereits in anderen Zusammenhängen angedeutet.

Die Einflüsse Schellings während des Jahrzehnts der Naturphilosophie waren beträchtlich. Der junge Hegel ist vorübergehend durchaus als «Schellingianer» anzusehen, und die gesamte

Hegelsche Philosophie wäre ohne die Vorarbeit des Schellingschen Real-Idealismus undenkbar. – Goethe erkennt sehr früh die innere Verwandtschaft zwischen seiner Art der Naturbetrachtung und derjenigen Schellings, der sich seinerseits (wie auch Hegel) für die Goethesche Farbenlehre einsetzt. Einflüsse Schellings lassen sich noch im zweiten Teil des «Faust», und in «Wilhelm Meisters Wanderjahre» nachweisen; wohl am eindrucksvollsten zeigt sich die Verarbeitung des Schellingschen Denkens in dem Gedichtzyklus «Gott und Welt», in dem der gemeinsame Bezug zu Giordano Bruno zutage tritt. Es sei hier vornehmlich an die Gedichte «Weltseele» sowie «Eins und Alles» erinnert. Im Herbst 1800 schreibt Goethe an Schelling: «Seitdem ich mich von der hergebrachten Art der Naturforschung losreißen und, wie eine Monade auf mich selbst zurückgewiesen, in den geistigen Regionen der Wissenschaft umherschweben mußte, habe ich selten hier oder dorthin einen Zug verspürt; z u I h r e r L e h r e i s t e r e n t s c h i e d e n. Ich wünsche eine völlige Vereinigung, die ich durch das Studium Ihrer Schriften, noch lieber durch Ihren persönlichen Umgang früher oder später zu bewirken hoffe.»[151] Schon einige Monate vorher (26 Juli 1800) hatte Friedrich Schlegel nach einem langen Gespräch mit Goethe an seinen Bruder August Wilhelm geschrieben: « ... von Schellings Naturphilosophie spricht er immer mit besonderer Liebe.»[152] Gemeinsam ist beiden, Goethe und Schelling, der Kampf gegen die durch Newton und seine Schule repräsentierte Art der Naturbetrachtung; hier waren beide «Bundesgenossen», was nicht unwesentlich war zu einer Zeit, in welcher der Personenkult um Newton absonderliche Formen angenommen hatte und die Dogmatisierung der Newtonschen Physik ihrem Höhepunkt zustrebte. Die Goethesche und Schellingsche Auflehnung

129

gegen die abstrakte Naturwissenschaft hat diese selbst nur wenig berührt, ihren Siegeszug also in keiner Weise ernsthaft gefährdet. Dies hängt auch damit zusammen, dass weder Schelling noch Goethe dem jeweiligen Alternativansatz jene «Abrundung» zukommen ließen, die zu einer wirklichen Entkräftung der abstrakt-analytischen Denkungsart erforderlich ist.

Dass Schelling die nicht-mechanistische Naturwissenschaft seiner Zeit maßgeblich zu stützen und voranzutreiben vermochte, ist bereits deutlich geworden. Dazu gehörten neben dem Begründer des Elektromagnetismus, Hans Christian Ørsted, der Norweger Henrik Steffens sowie Franz von Baader, Lorenz Oken und Karl Friedrich Burdach, um nur einige zu nennen. Insbesondere Steffens und Baader beeinflussten auch ihrerseits das Schellingsche Denken. Ørsted lernte Schelling im Jahre 1801 kennen; er setzte sich in Dänemark für die Anerkennung und Verbreitung der Naturphilosophie ein. – Die Bedeutung des von Schelling philosophisch fundierten Entwicklungsgedankens (der auf Kielmeyer zurückgeht) für die Biologie des 19. Jahrhunderts ist keineswegs gering zu veranschlagen, jedenfalls bis zu dem Zeitpunkt, als Charles Darwin zunächst einmal alle lebendigen Ansätze zunichte machte und den Entwicklungsgedanken mechanistisch interpretierte. Erst im 20. Jahrhundert haben sich einige Biologen (u. a. Adolf Portmann) der Goetheschen und Schellingschen Morphologie wieder angenommen und diese für die biologische Forschung fruchtbar zu machen versucht. Die schroffe Wissenschaftskritik des Biochemikers Erwin Chargaff in den letzten Jahren ist durchaus ein Protest «aus dem Geiste Schellings». – Merkwürdig ist, dass Wiederentdeckung und späte Würdigung der Goetheschen Naturwissenschaft durch so unterschiedliche Persönlichkeiten wie Rudolf Steiner und Werner Heisenberg (um nur zwei der bekanntesten zu nennen) nicht auch eine analoge Neubesinnung auf die Schellingsche Naturphilosophie mit sich gebracht haben. Zu «verstiegen» oder unbeweisbar wirkten viele der Behauptungen Schellings, deren naturwissenschaftlicher Kern durch die Eigenheit der philosophischen Diktion nicht selten verdeckt oder unkenntlich gemacht wurde. Auch bot die Totalmathematisierung der Physik im 20. Jahrhundert wenig Raum für eine lebendige Aktualisierung der betont anti-mathematischen Naturphilosophie Schellings. Schon das Wort «Naturphilosophie», noch bei Newton ein Synonym für Physik, wurde nach dem Niedergang der Hegelschen Naturspekulationen bewusst gemieden und erst im frühen 20. Jahrhundert wieder «benutzbar» gemacht. Schelling fehlte die plastische Gestaltungskraft, welche Goethe auszeichnete; auch war der auf die Phänomene beschränkte Ansatz Goethes ein «handgreifliches» Gegengewicht zur abstrakten Naturwissenschaft; dagegen erschien vielen das Schellingsche Denken zu wenig anschaulich und konkret, der vorhandene empirische Bezug nicht überzeugend genug.

Den vielleicht stärksten Einfluss innerhalb der Philosophie des 19. Jahrhunderts übte Schelling auf Schopenhauer aus. Darüber können die vielfältigen negativen Äußerungen über Schelling im Werk Schopenhauers nicht hinwegtäuschen. Im Schlussteil seiner Preisschrift über die «Grundlage der Moral» gibt Schopenhauer einen kurzen Überblick über die Geschichte der Einheitsmetaphysik von den Upanishaden Altindiens über Giordano Bruno und Spinoza bis hin zu Schelling. Über diesen heißt es: «In unsern Tagen endlich, nachdem Kant den alten Dogmatismus vernichtet hatte und die Welt erschrocken vor den rauchenden Trümmern stand, wurde jene Erkenntnis wieder auferweckt durch die eklektische Philosophie Schellings, der, die Lehren des Plotinos, Spinozas, Kants und Jakob Böhmes mit den Ergebnissen der neuen Naturwissenschaft amalgamierend, schleunig ein Ganzes zusammensetzte, dem dringenden Bedürfnis seiner Zeitgenossen einstweilen zu genügen, und es dann mit Variationen abspielte.»[153] Die Schriften Schopenhauers zeigen eine recht genaue Kenntnis der Schellingschen Naturphilosophie, auf die er sich immer wieder, meist negativ, bezieht. Und doch gibt es Aussagen, die eine gewisse Abstufung der Wertung erkennen lassen und gleichzeitig jenen Bereich andeuten, wo der Einfluss Schellings am augenfälligsten ist. Im Nachlass Schopenhauers heißt es: «Die Schellingschen Lehren als Philosophie schlechthin genommen, also das intellektual angeschaute Absolutum, die Identität des Realen und Idealen, der sich stets selbst gebärende Gott usf. sind Träume ohne Fundament und, weil sie unmittelbare Anschauung fälschlich vorgeben, Windbeuteleien. Hingegen die durch Schelling eingeführte Naturansicht, das Nachspüren des nämlichen Typus, der durchgängigen Analogie und der innern Verwandtschaft aller Naturerscheinungen wird eine ganz richtige Philosophie der Naturwissenschaft sein, sobald sie gereinigt wird von aller Schellingschen Hyperphysik.»[154] Grundsätzlich jedoch gilt für Schopenhauer: «Aber aus der Reihe der Philosophen müssen Leute, wie Fichte, Schelling und Hegel ausgestoßen werden ... sie waren Philosophieprofessoren, aber keine Philosophen.»[155]

Immerhin zeigt die Schopenhauersche Lehre nicht nur im erkenntnistheoretischen Ansatz, sondern auch in vielen Schlussfolgerungen einen bemerkenswerten Einfluss jenes «Nicht-Philosophen» Schelling. Für beide ist Naturerkenntnis im letzten Selbsterkenntnis, und zwar des jenseits von Raum, Zeit und

Kausalität wirkenden Willens. Schopenhauer postuliert die Einheit des vernünftigen Wollens mit den unbewusst wirkenden Triebkräften, wobei dem Unbewussten der Primat zukommt, obwohl beides mit dem Wort «Wille» bezeichnet wird. Schelling dagegen versucht auch hier, die «Balance» zwischen Trieb und Geist zu wahren, wenn auch die triebhaft-dunklen Strebungen des Seins im Fortschreiten seines Denkens einen zunehmend höheren Stellenwert einnehmen. – Im zweiten Buch der «Welt als Wille und Vorstellung» legt Schopenhauer seine Lehre von den Objektivationen des Willens dar. Diese Objektivationen (in den Worten Schellings: *Subjekt-Objektivierungen)* bilden ein Stufenreich von der Schwere als unterster bis hinauf zum menschlichen Willen als höchster Stufe. Hier folgt Schopenhauer dem Schellingschen Grundmuster der *dynamischen Stufenfolge.* Auch nach Schelling sind alle Naturkräfte im letzten «Wille»; alles hängt mit allem im Innersten zusammen, wir selbst tragen das An-sich der gesamten Natur in unserem eigenen Innern, bzw. beides ist im metaphysischen Sinne identisch. Der Hauptunterschied der beiden Denker besteht darin, dass für Schopenhauer das An-sich oder Wesen der Dinge blinder, unbewusster Wille zum Leben ist, für Schelling dagegen schon im Ansatz ein Wille, der Sein und Bewusstsein, Subjekt und Objekt in sich vereint und im letzten göttlichen Ursprungs ist. Schelling verlegt den Grundwiderspruch, der alles Werden in der Natur vorantreibt, in das Absolute selbst, das gleichwohl als Einheit der Gegensätze gedacht wird, als etwas wesensmäßig Göttliches. Schopenhauer setzt den Urwillen als absolute Einheit und verlegt die Gegensätze in die Erscheinungswelt. Diese werden jedoch nicht abgeleitet, sondern einfach als gegeben hingenommen.
Dass Nietzsches Formel vom «Willen zur Macht» aus einer Art

Umwertung des Schopenhauerschen «Willens» entstanden ist, dürfte unbestreitbar sein. Schellings Willensmetaphysik und Naturphilosophie ist Nietzsche nur über die Vermittlung Schopenhauers und Eduard von Hartmanns bekannt geworden. – Hat bereits Schopenhauer die Schellingsche Synthese von Geist und Natur nicht mehr auf gleicher Ebene durchzuhalten vermocht und derart die Sphäre des Geistigen zum bloßen Instrument des blinden Willens gemacht, so setzt sich dies bei Nietzsche fort: Seine «Lebensphilosophie» reduziert den Geist auf bloßen Perspektivismus. Die Vorstellung von der organischen Struktur des Universums lehnt Nietzsche ab, steht aber dem Analogiedenken Schellings erheblich näher, als er selbst wahrhaben will. Auch für Nietzsche ist das Prinzip der Analogie ein Mittel des Denkens, auch er schließt von seinen eigenen inneren Erfahrungen auf die Struktur des Weltganzen, obwohl er den metaphysischen Zusammenhang bestreitet. Schopenhauer «säkularisiert» Schelling, Nietzsche wiederum tilgt das metaphysische Element aus der Lehre Schopenhauers, was eine weitere «Säkularisierungsstufe» bedeutet (wenn diese Formulierung gestattet ist). Folgende Sätze aus dem 36. Aphorismus von «Jenseits von Gut und Böse» sind geeignet, das Analogiedenken Nietzsches und damit seine indirekte Beeinflussung durch Schelling zu verdeutlichen: «Gesetzt, daß nichts anderes als real ‹gegeben› ist als unsre Welt der Begierden und Leidenschaften, daß wir zu keiner andern ‹Realität› hinab oder hinauf können als gerade zur Realität unsrer Triebe – denn Denken ist nur ein Verhalten der Triebe zueinander – : ist es nicht erlaubt, den Versuch zu machen und die Frage zu fragen, ob dies ‹Gegeben› nicht a u s r e i c h t, um aus seinesgleichen auch die sogenannte mechanistische (oder ‹materielle›) Welt zu verstehen? ... Man m u ß die Hypothese wagen, ob nicht überall, wo ‹Wirkungen› anerkannt werden, Wille auf Wille wirkt – und ob nicht alles mechanische Geschehen, insofern Kraft darin tätig wird, eben Willenskraft, Willens-Wirkung ist.»[156] Von Schellings real-idealistischem Ansatz ist keine Rede mehr; Nietzsches Schopenhauer-Adaption führt unmittelbar zur modernen Tiefenpsychologie, jedenfalls in einer Schicht seines Denkens.

Der im 20. Jahrhundert immer wieder aufflammende «lebensphilosophische» Protest gegen die abstrakte Naturwissenschaft und ihre technologischen Konsequenzen geht in der Regel weniger von Schelling oder von Goethe aus, vielmehr wird, wie bei Henri Bergson, das vitalistisch verstandene Prinzip des unmittelbaren Lebens gegen den Intellekt ausgespielt; Intellekt und Geist werden unkritisch miteinander identifiziert. Das lässt sich bis in die gegenwärtige Alternativbewegung hinein nachweisen, die weniger von dem Bemühen um einen naturphilosophischen Gegenentwurf geprägt ist als von dem Bestreben, aus einem ethisch motivierten Protest heraus andersartige Lebensformen zu entwickeln. Eine gewisse Ausnahme macht hier der anthroposophische Ansatz Rudolf Steiners und seiner Nachfolger, innerhalb dessen eine neue Synthese von Natur und Geist angestrebt wird, wobei das naturwissenschaftliche Denken Goethes als richtungweisend gilt. Nur wird das Niveau der Naturphilosophie Schellings nicht erreicht, die im Übrigen wenig Beachtung findet, während die Christologie der *Philosophie der Offenbarung* im anthroposophischen Denken eine wichtige Rolle spielt.

Die wohl folgenreichste und interessanteste Wirkung der Naturphilosophie lässt sich im Werk von Simon Kraus nachweisen. In dem Buch «Der Baustoff der Welt» (1970 als erster Teil des

Werkes «Vom Regenbogen und vom Gesetz der Schöpfung» erschienen) tritt eine Betrachtungsweise von Natur und Kosmos
zutage, die sich keinem der bekannten «Ismen» nahtlos zuordnen lässt. Kraus beruft sich primär auf Giordano Bruno, sekun-
där auf Goethe als Naturphilosoph und Schöpfer der Farbenlehre. Schelling wird relativ selten erwähnt, meist nur im Zusammenhang mit der Goetheschen Art der Naturbetrachtung. So
heißt es einmal in diesem Sinne: «Es ist immer wieder hervorzuheben, dass Goethe Philosoph war, und zwar ein Naturphilosoph im Sinne Schellings, Giordano Brunos und Herakleitos'.»[157]
Und doch ist die geistige Bezugsebene (auch im Niveau der Auseinandersetzung mit Seinsfragen) unverkennbar, sowohl was
den erkenntnistheoretischen Ansatz als auch was die Willensmetaphysik oder die Gravitationslehre anlangt. Ausgangspunkt
der Darstellung von Simon Kraus ist die Goethe-Newton-Kon-
troverse über das Licht und die Farben: Aus dem Gegensatz
wird ein prinzipieller Unterschied in der Art der Weltbetrachtung abgeleitet, und zwar konsequenter und «radikaler», als
dies in den bisherigen Bemühungen dieser Art geschehen ist.
Einer natur- und kosmosverbundenen Geistigkeit (Goethe,
Schelling, Bruno) wird eine Denkungsart gegenübergestellt, deren abstrakt-analytische Grundrichtung, aus der inneren Loslösung vom Lebensgefüge des Kosmos erwachsen, in die Zerstörung alles Lebendigen mündet. Dies entspricht zunächst dem
von Schelling vorgetragenen Protest gegen die «tote Natur» der
mechanistischen Weltbetrachtung. Was Kraus von allen anderen
Formen des Protests gegen die abstrakte Naturwissenschaft im
20. Jahrhundert unterscheidet, ist die von ihm vorgetragene naturphilosophische Alternative, die einer Verlebendigung der
Physik gleichkommt bzw. die Möglichkeit eröffnet, die physikali-

sche Erfahrung sinnvoll einzuordnen und gleichzeitig kosmisch zu relativieren. Kraus protestiert nicht von der Warte einer geistfeindlichen Lebensphilosophie, sondern von einem ganzheitlichen Ansatz aus, der die Synthese von Geist und Natur, Erkennen und Sein überzeugend durchhält. Auch andere haben in der Forschungsmethodik der neuzeitlichen Physik und Biochemie einen lebensfeindlichen und nihilistischen Impuls gesehen (etwa der bereits erwähnte Lewis Mumford in seinem Werk «Der Mythos der Maschine»), die Atombombe als folgerichtigen Ausdruck der Wirklichkeitsfeindschaft interpretiert, nur blieb die philosophische Alternative im letzten aus; der Protest verlor seine spirituelle Dimension und blieb stets in einer Art Vitalismus stecken. – Schelling und Simon Kraus knüpfen an die Naturphilosophie und Kosmologie Giordano Brunos an: beide bekämpfen den Dualismus des Descartes und seiner Nachfolger. Beide versuchen zu einer metaphysischen Grundlegung der physikalischen Erfahrung zu gelangen, welche letztere eben dadurch in ihrer Relativität offenbar wird. Beide gehen davon aus, wie schon Giordano Bruno hervorhebt, dass die Gestirne lebendigen Großorganismen gleichen, dass der Kosmos in allen seinen Teilen organisch strukturiert, dass «Leben» als Urprinzip im gesamten Universum gegenwärtig ist. Auch leisten beide eine Grenzbestimmung physikalischer Erfahrung überhaupt.

Seinen erkenntnistheoretischen Ansatz, der demjenigen Schellings in der Grundrichtung gleicht, beschreibt Simon Kraus wie folgt: «Der Mensch ist Teil der Schöpfung, und weil dies so ist, müssen in ihm alle Gesetze der Schöpfung wirksam werden, alle Geheimnisse der Schöpfung in ihm auffindbar sein. Dies gilt für alle Teile der Schöpfung, aber im Menschen, als dem Wesen, das sich durch Bewusstheit von allen andern Wesen unterscheidet, muss dieses Geheimnis der Schöpfung, das Gesetz des Weltalls, in seine Wachheit treten. Dies allein können wir als Wahrheit bezeichnen.»[158] Der Zusammenhang des «Baustoffs der Welt» von Kraus mit der Naturphilosophie Schellings sei am Beispiel der Willensmetaphysik und der Gravitationslehre verdeutlicht. Den Anthropomorphismus des Schopenhauerschen «Willens» weist Kraus zurück, obwohl auch er, wie Schopenhauer, auf die Willensmetaphysik und Einheitslehre der Upanishaden (in der Form des Oupnek'hat) Bezug nimmt. Auch für ihn ist die materielle Welt im Innersten «Weltwille». Dieser Urwille ist dem Absoluten gleichzusetzen, er ist göttlichen Ursprungs. Die Sinnenwelt ist die sichtbare Manifestation des göttlichen Willens, ein Stufenreich der Wandlungsformen von der Schwere bis zur belebten Materie. Wie für Schelling, so ist auch für Kraus die Gravitation die fundamentalste Äußerung der allgegenwärtigen göttlichen Substanz, die als «Baustoff der Welt», bezeichnet wird. Damit ist ein sowohl physikalischer als auch metaphysischer Aspekt gegeben. Physikalisch gesprochen ist die Lehre von Simon Kraus der konsequenteste und umfassendste Entwurf einer «einheitlichen Feldtheorie»; Kraus benutzt die Bezeichnung «Raumenergie», weil die Grundenergie die Weiten des Universums kontinuierlich erfüllt. Diese Grund- oder Urenergie ist identisch mit dem göttlichen Weltenwillen. Dieser ist alles; Materie ist eine Aufsplitterungsform der Raumenergie. – Schwere ist nach Kraus die Wirkung eines Materiezerfalls im Gestirnkern. Wie Radioaktivität einem Atomkernzerfall entspringt, so wird das Gravitationsfeld eines Gestirns ständig gespeist von der Auflösung, dem Zerfall von Materie im Gestirnzentrum. Kraus: «Alle Gestirne, aus einem Baustoff geschaffen, der Raumenergie, zerfallen, vom Kern des Gestirns ausgehend, auch wieder in Raumenergie – und zwar der reinsten, absoluten Form. Damit ist dieser Vorgang zunächst nur in seinen Wirkungen spürbar, und die fundamentalste Wirkung ist die innerhalb der Lebenssphäre des Menschen feststellbare Anziehungskraft. Die Raumenergieverstrahlung aus dem Kern eines jeden Gestirns bildet ein Energiestrahlenfeld von radialer Struktur. Die Kernverstrahlung durchschlägt alle Materieschichten des Gestirns ungehemmt, sie ist die ‹Grundursache›, was den Weltwillen anlangt, und alle Vorgänge in der Welt der Erscheinungen stehen in voller Abhängigkeit zu ihr, vollziehen sich in ihrem Feld. Die Kernverstrahlung gehört zur Sphäre des Absoluten, zum Bereich der Ursachen im Sinne der Aussagen Giordano Brunos.»[159]

Mit der Annäherung zum Gestirnzentrum wird die Materie «einem stetig wachsenden Druck ausgesetzt ... der zuletzt eine derartige Höhe erreicht, dass die Energieverdichtungen reißen, d. h. sich wieder in kosmische Energien reinster Form – also in Raumenergie – auflösen»[160] Es gibt also nach Simon Kraus, physikalisch gesprochen, so etwas wie «reine Gravitationsstrahlung». Schwere ist das Bestreben der Dinge, sich in dem «Einen», der absoluten Substanz, aufzulösen. Für Schelling und Simon Kraus ist die Schwere eine Schwellenkraft, die zwischen dem Absoluten und der Sinnenwelt vermittelt. Die Grundprämisse von Kraus lässt sich als eine Synthese der Schellingschen und Faradayschen Gravitationslehre interpretieren, gleichzeitig als eine Verifizierung der altindischen Einheitslehre: Kraus stimmt mit Bruno und Schelling darin überein, dass alle Phänomene nur einen «halb-realen» Charakter aufweisen; die Gravitation vermittelt den Rückbezug auf den Ursprung der Materie. Die Grundannahme von Kraus ist präzise formuliert und widerspruchsfrei, sie bietet die Möglichkeit zu einer umfassenden Vereinheitlichung der Naturerscheinungen, was deren «stoffliche» Grundlage betrifft. Die seelisch-geistigen Formungskräfte werden im «Baustoff der Welt» weitgehend ausgeklammert, da der erste Teil der Schrift «Vom Regenbogen und vom Gesetz der Schöpfung» der Naturphilosophie im engeren Sinne, also der naturwissenschaftlichen Alternative und Grundlagenkritik gewidmet ist. – Schwere ist nach Kraus keine Eigenschaft der Materie, sondern die Wirkung einer Rückverwandlung der Materie in das Absolute (auch im physikalischen Wortverständnis), in das Ur-Feld. Das Urphänomen «Licht» ist das Ergebnis einer Zustandsänderung des Energiefeldes, herrührend aus dem wuchtigen Gegeneinanderwirken der Kernzerfallfelder zweier oder mehrerer Gestirne. Nach Kraus gibt kein Himmelskörper unmittelbar Licht oder elektromagnetische Strahlungsenergie ab; Sonne und Fixsterne sind keine kosmischen «Öfen», vielmehr prinzipiell bewohnbare Gestirne. Diese These resultiert aus einer radikalen Umwertung aller bisherigen Interpretationen astronomischer Beobachtungen und Messungen. Das einzelne Gestirn ruht relativ zum eigenen Kernzerfallfeld; physikalische Bestimmungen der Gestirnoberfläche sind auf das Gestirnganze nicht direkt übertragbar. Auch hierin stimmen Bruno, Schelling und Kraus überein. Damit wird wesentlichen Grundbehauptungen der modernen Physik widersprochen. – Der organische Aufbau der Gestirne bedingt ihr Werden und Vergehen: Was einst geschaffen wurde im Brenn- und Schnittpunkt konzentrierter Energieströme, löst sich (von innen her) in den Urbaustoff auf. Derartige Auflösungsprozesse gehen mit Gestirnneuschöpfungen einher. Kraus relativiert die Newtonsche Physik und bringt die Ansätze Brunos und Schellings in eine beweiskräftige Form.

Auch das Licht wird zur zutiefst relativen Größe, zur Funktion der Intensitäten der gegeneinanderwirkenden Raumenergiefelder. Diese Felder sind massdos, das heißt ohne jede «Trägheit»; ihre Geschwindigkeit ist an sich unendlich groß. Endlichkeit der Geschwindigkeit (Stauchung zu Wellen oder Aufsplitterung zu Teilchen) ist erst das Ergebnis des Aufeinanderprallens kosmischer Energieströme. Die Ergebnisse des «Baustoffs der Welt» bieten die auch von Schelling angestrebte Möglichkeit, den Dogmatismus der abstrakten Naturwissenschaft aufzudecken, die unkritischen Verallgemeinerungen und Extrapolationen physikalischer Messungen, deren Genauigkeitsgrad durchaus keine Gewähr für angemessene Interpretation bietet. – Wichtig ist, dass der «Baustoff der Welt» im Werk von Simon Kraus eine ähnliche Rolle einnimmt wie die naturphilosophischen Schriften im Schellingschen Werk: Hier wird das Fundament für alle weiteren Betrachtungen gelegt, das aber erst aus der Einbeziehung der Geschichte und der Sphäre des Seelisch-Geistigen im umfassenden Sinne verständlich werden kann. Hierauf wird noch anlässlich der Wirkungsgeschichte der Freiheitslehre Schellings zurückzukommen sein.

Das Problem der Freiheit

Grundsätzliches

Das Problem der Freiheit, dies lässt sich ohne Übertreibung sagen, gehört zu den unauslotbaren Abgründen des Denkens. Hier, so scheint es, zerbricht gleichsam der Intellekt an seinen eigenen Paradoxien. Wie auch immer man das Denken bestimmt, ob als dialektisches Fortschreiten oder als abstrakte Verknüpfung der Dinge am Leitfaden der Kausalität – Freiheit entzieht sich allen Versuchen einer denkerischen Erfassung. Dies hängt mit ihrem Wesen zusammen, das ohnehin zumeist nur negativ oder rein formal bestimmt wird: als Freisein von äußeren oder inneren Zwängen, als Selbstbestimmung im Gegensatz zur Fremdbestimmung. – Schopenhauers Preisschrift «Über die Freiheit des Willens» (1838) wird von ihm unter das Motto gestellt: «La liberté est un mystère» (Nicolas de Malebranche). Die Freiheit ist ein Geheimnis geblieben, jedenfalls für das Denken. Meist ist sie ein ethisches oder religiöses Postulat, wird dort nicht selten am häufigsten genannt, wo sie selbst abwesend ist. Das eigentliche philosophische Problem ist nicht die physische oder materielle Freiheit, etwa im politischen Bereich, deren Realisierung zumindest möglich und als solche überschaubar ist, sondern die geistige und moralische Freiheit. Wenn man Freiheit in die Substanz des Denkens verlegt, wie dies von Descartes bis Hegel geschehen ist, erübrigt sich ein gesonderter «Beweis» derselben, weil das Fortschreiten des Denkens eben ein Fortschreiten in der Freiheit ist. Auch Schelling neigt dieser Annahme zunächst zu, schränkt den rationalistischen Ansatz jedoch zunehmend ein. Das zentrale Problem seines Ringens um die Freiheit ist das unabweisbare Phänomen des Bösen, aller grauenvollen und negativen Aspekte des Seins. Wie ist Freiheit als Entscheidungsfreiheit für das Böse möglich in einer gottgewollten und gottdurchwirkten Welt? Das ist die Kernfrage für Schelling.

Freiheit wird zumeist verstanden als die Möglichkeit oder Fähigkeit, dem eigenen Willen gemäß zu handeln («Ich kann tun, was ich will»). Meist wird in diesem Zusammenhang ein Kausalverhältnis von Wille und Tat hergestellt. Der Wille selbst ist nicht weiter reduzierbar; dies hat Schopenhauer deutlicher als jeder andere Denker gezeigt. Freiheit ist im Letzten mit Willensfreiheit gleichzusetzen. Die Tiefenschichten des Innern, aus welcher die Willensimpulse hervorquellen, bleiben dem Denken verborgen. Und so mündet die Frage nach der Freiheit des Willens in die Frage nach der Freiheit oder Notwendigkeit des individuellen Seins, des Ich in seinem So-und-nicht-anders-Sein. Jedes kausal bestimmte Denken gerät hier in einen unauflösbaren Zirkelschluss hinein: Das individuelle Gefühl der Freiheit im Sinne der Möglichkeit, diese oder jene Handlung auszuführen, muss eine Täuschung sein, wenn ausnahmslos alles Sein und Geschehen kausal determiniert ist, das heißt streng notwendig abläuft. Besteht die uneingeschränkte Freiheit im Augenblick des Willensaktes tatsächlich, ist dies gleichbedeutend mit absoluter Zufälligkeit, wie Schelling hervorhebt. Diese ist eine Ungeheuerlichkeit, gegen die das Denken revoltiert. Totale Freiheit der Willensakte ist ein «Wunder»: ein Geschehen ohne Bestimmungsgrund, ohne Ursache. Der Wille kann sich nicht selbst hinterfragen, er stößt immer wieder nur auf sich selbst. Die Entstehung des Ich ist durch eben dieses Ich nicht zu begreifen. Aus diesem Zirkel ist der Fichtesche Idealismus erwachsen: Die Formel «Das Ich setzt das Ich in völliger Freiheit» ist nur der Ausdruck dieses Zirkelschlusses oder die Ohnmacht des Ich, sich selbst auf den Grund zu kommen.

Seit dem 17. Jahrhundert wurde die Frage nach der Willensfreiheit verschärft durch die zunehmend enthüllte Kausalverbindung der Erscheinungen, der Allgemeingültigkeit mathematisch formulierbarer Naturgesetze. Diese wurden mit dem Begriff der Notwendigkeit verknüpft. Für die Sphäre des Menschen bzw. des Geistes und der Seele musste nunmehr eine totale Andersartigkeit konstruiert werden: War auch der menschliche Körper nach Descartes und Leibniz eine Maschine wie das gesamte reale Universum, dann war die Freiheit der Seele nur dadurch zu retten, dass man sie aus dieser Maschine herausnahm und als etwas ihr wesensmäßig Fremdes hinstellte. Auch von Kant ist dieser Dualismus nicht überwunden worden. – Zu einem zentralen Problem wurde die Willensfreiheit erst in der neuzeitlichen Philosophie, wobei Martin Luthers radikale Verneinung der Freiheit des Willens aus religiösen Motiven eine Herausforderung für das Denken bedeutete, der sich noch Schopenhauer nicht entziehen konnte. Die Frage nach der Freiheit des Menschen ging häufig einher mit derjenigen nach der Freiheit Gottes. Die Fülle des Leides und des Grauenhaften in der menschlichen Geschichte ließ immer wieder die quälende Frage wachwerden: «Warum lässt Gott dies zu?» Dabei unterstellte man eine Freiheit des göttlichen Willens, die aus dem menschlichen Bewusstsein in das Absolute übertragen wurde, so als habe Gott die Möglichkeit, in seine Schöpfung «beliebig» einzugreifen und etwaige Mängel in ihr zu korrigieren. Schon Leibniz hat die Berechtigung einer derartigen Frage bestritten, wollte aber dennoch die göttliche Freiheit erhalten wissen. Dies führte ihn zu der Idee, Freiheit und Vernunft gleichzusetzen, und zwar auch im menschlichen Geist: Möglich sei vieles, wirklich dagegen nur eines, eben das Vernünftige. Dieses zu wählen ist nach Leibniz identisch mit realisierter Freiheit; das Böse ist bloße Negation, bloße Verneinung ohne eigenständige Realität – ein

146

im eigentlichen Sinne Nicht-Seiendes. Dies hatte der Grundrichtung nach bereits Plotin gesagt; auch Giordano Bruno neigte dieser Ansicht zu, obgleich er die Realität des Bösen in der Welt weit stärker in seine Betrachtungen einbezog und konsequent die Finsternis (auch des Bösen) zum Ermöglichungsgrund des Lichtes und des Guten machte.

Eine der ältesten Antworten auf die Frage nach der Herkunft des Bösen stammt von dem Religionsstifter Zarathustra Spitama, der von einem absoluten Dualismus der Prinzipien von Gut und Böse ausging: Das absolut Gute steht dem absolut Bösen gegenüber, beide sind gleich ewig und voneinander unabhängig. An ihrem Kampf gegeneinander nehmen die Menschen auf jeweils einer der beiden Seiten teil, Freiheit ist letztlich Entscheidungsfreiheit für das Gute oder für das Böse; es gibt keine «Neutralität». Reste dieser Lehre haben sich noch während der Herrschaft des Christentums im Manichäismus gehalten, der jedoch von der Kirche als Ketzerei abgelehnt wurde. Ähnliches gilt für die von Giordano Bruno im späten 16. Jahrhundert wiederbelebte Lehre von der Seelenwanderung und Wiederverkörperung, die dem Christentum im Kern widerspricht, obwohl es Versuche gegeben hat, beides zu verbinden. Es dürfte unbestreitbar sein, dass die Wiederverkörperungslehre mehr als jede andere Lehre geeignet ist, das Rätsel der individuellen Existenz philosophisch verständlich zu machen. – Zur moralischen Freiheit gehört notwendig die Möglichkeit, Schuld auf sich zu laden. Wenn man davon ausgeht, dass der einzelne Mensch in seinem Tun unfrei ist, das heißt restlos determiniert, dann erscheint es unsinnig, ja unmenschlich, ihn zu bestrafen. Verantwortlichkeit setzt Zurechnungsfähigkeit voraus und damit die Möglichkeit, anders zu handeln. Davon muss zum Beispiel das Strafrecht im Prinzip ausgehen. Positivistisch gesprochen: Auch wenn Freiheit nie beweisbar ist oder vielleicht überhaupt nicht existiert, muss das Recht so verfahren, als ob es Freiheit gäbe. Dies ist dann eine bewusste Fiktion.

Immanuel Kant hat die Frage vertieft, indem er das Problem der moralischen Verantwortung in den Bereich der «freien Ursachen» außerhalb des Kausalzusammenhangs der Natur verlegt. In der «Kritik der reinen Vernunft» entwickelt er die von Schopenhauer so bewunderte Lehre vom empirischen und intelligiblen Charakter; die betreffende Textpassage trägt die Überschrift: «Möglichkeit der Kausalität durch Freiheit in Vereinigung mit dem allgemeinen Gesetze der Naturnotwendigkeit»[161]. Die Kantsche Lehre sei hier skizziert, weil auch Schelling von ihr geprägt ist. Als Ergänzung dienen entsprechende Aussagen aus der «Grundlegung zur Metaphysik der Sitten» (1785). Als intelligibel wird dasjenige an einem Gegenstand der Sinne bezeichnet, «was selbst nicht Erscheinung ist»[162]. Kant geht von der durchgängigen Kausalverknüpfung der Erscheinungen aus, die auch für jedwede menschliche Tat gelten muss, da diese als Phänomen innerhalb der allgemeinen Naturnotwendigkeit steht. Jede Tat muss kausal ableitbar sein, und zwar aus dem empirischen Charakter des Täters im Zusammenwirken mit konkreten Bestimmungsgründen oder Ursachen. «Daher kann keine gegebene Handlung (weil sie nur als Erscheinung wahrgenommen werden kann) schlechthin von selbst erschei-nen.»[163] Wäre dies möglich, würde die Naturgesetzlichkeit in jeder freien Handlung aus den Angeln gehoben werden! Jede der menschlichen Handlungen ist nach Kant «im empirischen Charakter des Menschen vorher bestimmt», noch bevor sie geschieht. Eine zunächst verblüffende Aussage, welche dem subjektiven Freiheitsgefühl total widerspricht. Freiheit kann nur im transzendentalen Bereich gegeben sein, da Willensfreiheit als Autonomie verstanden wird, «d. i. die Eigenschaft des Willens, sich selbst Gesetz zu sein», wie Kant sagt.[164] In Ansehung des empirischen Charakters, also des unwandelbaren So-Seins eines Menschen, ist jede Handlung notwendig, also kausal determiniert. Moralische Verantwortlichkeit erwächst aus der transzendentalen Freiheit, also derjenigen des intelligiblen Charakters, der sich «seinen» empirischen Charakter «selbst verschafft»[165]. Der intelligible Charakter gehört zu den «Dingen an sich», unterliegt folglich nicht der erscheinungsgebundenen Kausalität; hier also besteht sehr wohl die Möglichkeit einer freien Ursache, das heißt die Fähigkeit, «eine Reihe von Begebenheiten von selbst anzufangen». Die Überzeugung von der Verantwortlichkeit des Täters für seine Tat beruht nach Kant auf der Einsicht in die Freiheit des intelligiblen Charakters. Zwar habe der Betreffende nicht anders handeln können, als er gehandelt hat, aber er habe die – transzendentale – Freiheit gehabt, ein anderer zu s e i n ! Die Handlung werde «dem intelligiblen Charakter des Menschen beigemessen»[166]. « ... mithin war die Vernunft, unerachtet aller empirischen Bedingungen der Tat, völlig frei», woraus die uneingeschränkte moralische Zurechnung folgt.[167] Nicht mit letzter Deutlichkeit hat Kant jenen Gedanken formuliert, der die Prämisse seiner Freiheitslehre darstellt: In einem Akt transzendentaler Freiheit, also außerhalb von Raum, Zeit und Kausalität, hat der einzelne Mensch seinen empirischen Charakter mit allen Besonderheiten und Fehlern selbst gewählt. Dies ergibt sich richtungsmäßig aus allen Äußerungen Kants zum Problem der Freiheit, wurde aber erst von Schelling und Schopenhauer direkt formuliert. Die Selbstbestimmung des metaphysischen Wesens als empirisches Ich setzt die Präexistenz der Seele voraus, wenn diese auch selten klar ausgesprochen wird. Da hier das Denken, wie Kant sagt, aufhört, bleibt das individuelle, empirische Selbst in Ursprung und Wesen verborgen bzw. wird nur in seinen Wirkungen erkennbar. Der Wesensgrund der Freiheit bleibt im dunkeln, ihn vermag das Denken nicht zu erreichen; die Frage nach den metaphysischen Wurzeln des Ich, nach der Entstehung des Ich im Absoluten ist mit rationalen Mitteln nicht zu beantworten.

Das Absolute
und
die Sinnenwelt

Wie stellt sich das Problem der Freiheit in der Schellingschen Naturphilosophie dar? Welchen Platz hat das Böse in der Vorstellung von der Göttlichkeit des absoluten All? – Die Naturphilosophie, ich habe es bereits angedeutet, ist von einer ästhetisch-dionysischen Weltbejahung getragen, innerhalb derer die traditionelle Moral zur provinziellen Größe degradiert wird. Die Ablehnung der individuellen Freiheit in der Naturphilosophie erinnert an die Argumentationsweise Spinozas, bedeutet aber keine Eliminierung der Freiheit schlechthin. Im Schlussteil des *Systems der gesamten Philosophie und der Naturphilosophie insbesondere* schreibt Schelling: *Die Freiheit, welche sich das Individuum als Individuum zuschreibt, ist keine Freiheit, sondern bloße Tendenz, absolut in sich selbst zu sein, die an sich selbst nichtig ist, und welcher die Verwicklung mit der Notwendigkeit als das unmittelbare Verhängnis folgt. – Die meisten denken sich unter Freiheit nichts anderes als Willkür, d. h. ein Vermögen zu tun, was ihnen beliebt; selbst die Tugend ist nur Willkür bei ihnen, und diese Freiheit preisen sie auch als das höchste Gut des Menschen an. Allein dass diese Willkür keine Freiheit sei, dies könnte sie selbst die bloße Erfahrung lehren. Denn diejenigen, die am meisten nach ihrem Gefallen zu handeln glauben, werden gerade am meisten durch Affektionen der Lust, des Hasses, der Leidenschaft überhaupt zum Handeln getrieben. So wie sicher niemand tugendhaft ist, der es nicht vermöge einer göttlichen Notwendigkeit ist, die sich seiner bemächtigt.*[168] Wirkliche Freiheit mündet nach Schelling in die Notwendigkeit, die das göttliche All erfüllt und bestimmt. *In uns selbst liegt jene Harmonie der Notwendigkeit und der Freiheit – sie liegt nämlich in der Quelle der adäquaten Ideen in dem Ewigen der Seele. Daß das Bewußtsein dieses Punkts den Menschen im Handeln beständig entflieht, ist notwendig, da eben*

ihr Handeln, ihr Streben nach außen auf der bestimmten Tren-
nung der Freiheit von der Notwendigkeit beruht, weil sie sich ein-
bilden frei zu sein, da doch nur eine ewige und absolute Notwen-
digkeit in ihnen handelt. Sie werden nicht gewahr, daß der Punkt,
nach dem sie am Ende selbst streben, ihre Freiheit nämlich in
Harmonie mit der Notwendigkeit zu setzen, in ihrem Handeln
notwendig vor ihnen flieht, daß er nicht vor, sondern hinter ihnen
liegt, und daß sie erst zum Stehen kommen müssen, um ihn zu fin-
den.[169] *Das Wesen der Seele ist eines. Es gibt keine Vermögen, die*
etwa in der Seele ruhten, nicht ein besonderes Erkenntnis- und ein
besonderes Willensvermögen, wie die falsche psychologische Abs-
traktion dichtet, sondern es ist nur Ein Wesen, nur ein An-sich der
Seele, in welchem alles ein und dasselbe ist, was die Abstraktion
trennt; und nur, was aus diesem An-sich der Seele quillt, es sei nun
im Wissen oder im Handeln, ist absolut, ist wahr, ist zugleich frei
und notwendig.[170] *Der menschlichen Seele Freiheit zuzuschreiben,*
wurde man vorzüglich dadurch verleitet, daß man ihr erst einen
besonderen Willen als ein eignes Vermögen zuschrieb, welches ein
bloßes Produkt der Imagination ist. In der Seele als solcher finden
wir wahrhaft nichts als einzelne Akte des Wollens; aber außer die-
sen einzelnen Akten des Wollens gibt es so wenig noch einen be-
sondern Willen, als es etwa außer den einzelnen ausgedehnten
Dingen noch eine besondere Ausdehnung, oder außer den körper-
lichen Dingen noch eine besondere Körperlichkeit gibt. Die einzel-
nen Akte des Wollens sind aber in der Seele als Seele jederzeit not-
wendig bestimmt, und also nicht frei, nicht absolut.[171] So kann
Freiheit nur in den Anfang der Schöpfung zurückverlegt werden, in den transzendentalen Bereich jenseits von Raum, Zeit
und Kausalität. Dies ist der Ansatz Kants, wenn auch Schelling
die Kantsche Begründung des Sittengesetzes zurückweist, ja

Sittlichkeit im moralischen Sinne für eine Täuschung hält, die der Winkelperspektive des Subjekts entstammt. *Dies muß die Frucht einer universellen, den Menschen zur Natur zurückführenden Philosophie sein, dass sie die heitere Betrachtung der Welt und der Menschen lehrt; dass sie lehrt, Handlungen und Dinge nicht in bezug auf das Subjekt, sondern an sich selbst und in bezug auf die Ordnung der Natur zu betrachten, in welcher nichts an sich selbst unvollkommen ist, sondern, wenn gleich in verschiedenen Graden, alles die unendliche Realität ausdrückt.*[172]

Die hier zutage tretende Relativierung der Moral und die faktische Leugnung der Willensfreiheit ist häufig kritisiert worden, unter anderem von Friedrich Schlegel, dessen Kritik im Jahre 1808 Schelling schließlich veranlasst, das Problem der Freiheit in einer eigenen Schrift abzuhandeln. Noch 1804 vertritt er die Ansicht, dass das Böse oder moralisch Verwerfliche nur eine niedere Realitätsstufe repräsentiere, die kosmisch gesehen ohne Bedeutung sei und nur der endlichen Perspektive entstamme. Von der später herausgestellten Möglichkeit des Menschen, durch sein seelisch-geistiges Versagen die gesamte Natur in ihrer Grundordnung zu stören, ist in der eigentlichen Natur- und Identitätsphilosophie noch nicht die Rede. In dieser wird eine Totalitätsbetrachtung der Dinge gefordert, ein kosmisches «Jenseits von Gut und Böse», um hier ganz bewusst einen Buchtitel Nietzsches zu verwenden. *Hierin liegt die wahre Duldsamkeit, alle Dinge als in der Totalität begriffen zu denken und an ihrer Stelle zu achten; nicht aber darin, alles unter Ein Gesetz beugen zu wollen und die Mannigfaltigkeit der göttlichen Schöpfung, die sich vorzüglich im Menschengeschlecht offenbart, unter eine Formel zwingen zu wollen, Sittengesetz genannt, welches der größtmögliche Wahn ist, aus dem statt der Heiterkeit und Ruhe* nur *Unlust und vergebliche Mühe, wie bei unsern eingebildeten Welterziehern und -Verbesserern entsteht, oder am Ende die Anklage des Schöpfers, dessen unendliche Fülle sich in allen Graden der Perfektion offenbart.*[173]

Unter diesen Auspizien kann Schelling die Philosophie als *unsere Wiedergeburt in das All* bezeichnen, *wodurch wir der Anschauung desselben und der ewigen Urbilder der Dinge wieder teilhaftig werden.*[174] Auch in anderen Schriften Schellings wird das Wesen philosophischer Erkenntnis als Erinnerung der Seele an ihren kosmischen Ursprung, als Anamnesis, wie Platon sagt, bestimmt. Am nachdrücklichsten geschieht dies in der Abhandlung *Philosophie und Religion* (1804), die unter anderem mit den *Zudringlichkeiten der Nachbeter und Erläuterer»* abrechnet: *Denn über alles geraten die Deutschen ins Schwärmen, den geschlechtslosen Bienen, obwohl nur darin gleich, daß sie emsig davonzutragen und zu verarbeiten suchen, was unabhängig von ihnen blüht und produziert ist. Nehmen sie sich doch die Mühe, selbst Gedanken zu haben, für die sie dann selbst verantwortlich sind ...* [175] Die Schrift *Philosophie und Religion* bekundet das Bemühen Schellings, die Leugnung der Freiheit und der Moralmaßstäbe zurückzuweisen, welche man ihm vorgeworfen hatte. Die Sinnenwelt bzw. Endlichkeit überhaupt wird als *Abfall* vom Absoluten interpretiert. *Die große Absicht des Universums und seiner Geschichte ist keine andere als die vollendete Versöhnung und Wiederauflösung in die Absolutheit.*[176] *Die große Absicht der gesamten Welterscheinung drückt sich auf diese Art in der Geschichte aus. Die Ideen, die Geister mußten von ihrem Zentrum abfallen, sich in der Natur, der allgemeinen Sphäre des Abfalls, in die Besonderheit einführen, damit sie nachher, als besondere, in die Indifferenz zurückkehren und, ihr versöhnt, in ihr sein könn-*

ten, ohne sie zu stören.[177] Das ist Neuplatonismus reinster Ausprägung. In dem Abschnitt über die *Unsterblichkeit der Seele*
heißt es: *Die Geschichte des Universums ist die Geschichte des
Geisterreichs, und die Endabsicht der ersten kann nur in der letzten erkannt werden.*[178] Auch die folgenden Aussagen aus der ge-
nannten Abhandlung werden nur aus ihrer neuplatonischen
Herkunft heraus begreiflich: *Das Endliche ist nichts Positives, es
ist nur die Seite der Selbstheit der Ideen, die ihnen in der Trennung von ihrem Urbild zur Negation wird. Das höchste Ziel aller
Geister ist nicht, daß sie absolut aufhören, in sich selbst zu sein,
sondern daß dieses In-sich-selbst-Sein aufhöre, Negation für sie zu
sein und sich in das Entgegengesetzte zu verwandeln, d a ß s i e
a l s o g a n z v o m L e i b e und von aller Beziehung auf die
Materie befreit werden. Was ist daher die Natur, dies verworrene
Scheinbild gefallener Geister, anders als ein Durchgeborenwerden
der Ideen durch alle Stufen der Endlichkeit, bis die Selbstheit an
ihnen, nach Ablegung aller Differenz, zur Identität mit dem Unendlichen sich läutert, und alle als reale zugleich in ihre höchste
Idealität eingehen? Da die Selbstheit selber das Produzierende des
Leibes ist, so schaut jede Seele in dem Maß, in welchem sie, mit jener behaftet, den gegenwärtigen Zustand verlässt, sich aufs Neue
im Scheinbild an, und bestimmt sich selbst den Ort ihrer Palingenesie, indem sie entweder in den höheren Sphären und auf besseren Sternen ein zweites, der Materie weniger untergeordnetes Leben beginnt, oder an noch tiefere Orte verstoßen wird; so wie,
wenn sie im vorhergehenden Zustand ganz von dem Idol sich gelöst und alles, was bloß auf den Leib sich bezieht, von sich abgesondert hat, sie unmittelbar in das Geschlecht der Ideen zurückkehrt, und rein für sich, ohne eine andere Seite, in der Intellektual-
welt ewig lebt. Besteht die Sinnenwelt nur in der Anschauung der*

156

*Geister, so ist jenes Zurückgehen der Seelen in ihren Ursprung und
ihre Scheidung vom Konkreten zugleich die Auflösung der Sinnenwelt selbst, die zuletzt in der Geisterwelt verschwindet. In glei-
chem Verhältnis wie diese sich ihrem Zentrum annähert, schreitet
auch jene zu ihrem Ziele fort, denn auch den Gestirnen sind ihre
Verwandlungen bestimmt und ihre allmähliche Auflösung aus der
tieferen Stufe in eine höhere.*[179]

Diese Aussagen Schellings zur Wiederverkörperung (Palingenesie) müssen im Gesamtzusammenhang seines Philosophierens interpretiert werden. Ihr spiritueller Grundcharakter beinhaltet keine Abwertung der lebendigen Natur in ihrer konkreten
Fülle; im Gegenteil: erst über die Vermittlung der göttlichen-
metaphysischen Gesetzlichkeit des Universums können die Phänomene der Natur in ihrer Ganzheit und Schönheit wahrgenommen werden. Auch nach 1804 ist Schelling darum bemüht, die
christliche Sinnen- und Triebfeindschaft zu überwinden, die
Triebe in ihrer Natürlichkeit zurückzubinden in die Einheit des
Lebendigen. Auch in dieser «Rechtfertigung» der Triebenergien
im Menschen wird Schelling zum Vorläufer Nietzsches. Was ihn
jedoch auszeichnet ist jene bereits angedeutete «Balance» von
Geist und Natur auf allen Ebenen, die später zerbrach. Der Real-
Idealismus wird von Schelling konsequent auf alle Erscheinungen des Seins übertragen; man kann dies nicht oft genug betonen. Stets ist die unbegrenzbare Fülle des Lebendigen das notwendige Äquivalent zum idealistischen Ansatz.

Die Vorstellung von der Auflösung der Sinnenwelt in die
Geisterwelt (als Ziel des Weltprozesses) hat Schelling bis zu seinem Tode beibehalten, wenn auch der Gedanke der Wiedergeburt der Seelen in der Erscheinungswelt auf der Erde oder auf
anderen Gestirnen in den Jahren nach 1804 einer anderen Auf-

fassung wich: derjenigen eines Stufenreichs der Seelen nach dem Tode. Dies kommt vornehmlich in der Schrift *Clara oder über den Zusammenhang der Natur mit der Geisterwelt* (1810) zum Ausdruck. Die Freiheitsschrift *(Philosophische Untersuchungen über das Wesen der menschlichen Freiheit)* wird im Jahre 1809 veröffentlicht; sie gehört in den Umkreis der Clara-Schrift, der Stuttgarter Privatvorlesungen (1810) sowie der Entwürfe zu den *Weltaltern* (seit 1811, bis in die zwanziger Jahre hinein). Ungeachtet ihres fragmentarischen Charakters stellen diese Schriften eine innere Einheit dar: Im Mittelpunkt steht das Bemühen Schellings, der Philosophie der Natur nunmehr die Philosophie der Geisterwelt folgen zu lassen, die beide in einem organischen Zusammenhang gedacht werden. Freiheitsschrift und *Weltalter-Entwürfe* gehören zum Eindrucksvollsten, das die Philosophie des 19. und 20. Jahrhunderts kennt; dennoch haben sie nur selten eine angemessene Würdigung erfahren, und außerhalb des akademischen Bereichs spielen sie, sehr zu Unrecht, keine wesentliche Rolle. Die bekannten Etikettierungen des Schellingschen Denkens seit 1809 als irrationalistisch, mystisch, christlich-theosophisch, gnostisch usw. haben eher verdunkelnd als erhellend gewirkt, obwohl sie zweifellos Teilaspekte berühren. Auch die Abgrenzung dieser Phase der Schellingschen Philosophie als «subjektivistisches» Gegenbild zur angeblich «objektiven Wissenschaftlichkeit» Hegels hat nur die Vorurteile vermehrt. Diesen Einordnungen sei eine Aussage Schellings von 1804 entgegengehalten: *Die gemeinste Art von Polemik in der Philosophie ist die, welche mit gewissen Schreckbildern geführt wird, die man aus der Geschichte der Philosophie aufgegriffen hat, und die dann jedem neuen System als ebenso viele Medusenköpfe entgegengehalten werden.*[180]

Vom Ursprung des Bösen

Die Grundfrage, um deren Beantwortung Schelling spätestens seit 1806 ringt, sei noch einmal formuliert: Wie ist Freiheit, als Freiheit zum Bösen, möglich in einer dem göttlichen Willen entsprungenen Welt? Die alles Böse in die bloße Negation verweisende Weltbejahung der Naturphilosophie und Einheitsmetaphysik ließ sich zunehmend weniger aufrechterhalten. Seit der Übersiedlung nach München, welche die starke Beeinflussung durch Franz von Baader einleitet, nimmt Schelling verstärkt jene Elemente in der Natur und im Sein wahr, die von einer Störung der Harmonie zeugen, von der partiellen Überwindung der kosmischen Ordnung durch das Chaos. Die eigenständige Wirklichkeit des Bösen wird zum quälenden Problem für das Schellingsche Philosophieren, und es ist folgerichtig, dass dieses sich nunmehr einem Denken öffnet, welches wie kein anderes in der Neuzeit um die abgründige Realität des Bösen weiß und um deren Aufhellung bemüht ist: demjenigen des Mystikers und Philosophen Jakob Böhme (1575-1624). Insbesondere Baader hatte sich für eine Wiederbelebung der Böhmeschen Philosophie eingesetzt. Schelling übernimmt und verarbeitet wesentliche Gedanken Böhmes, was einerseits eine Vertiefung und Erweiterung bedeutet, andererseits aber für viele den Zugang zu Schellings Philosophie weiter erschwert hat, weil auch Begriffe übernommen werden, deren Sinn sich mehr erahnen als klar bestimmen lässt.

Jakob Böhme schaut die Welt als ein ungeheures Kampffeld zwischen Gut und Böse, Kosmos und Chaos. Der Widerstreit der polaren Gegensätze verleiht der Welt ihre Dynamik, Abgründigkeit und Gefährlichkeit. Wichtig für Schelling wird Böhmes Vorstellung von der unfassbar lebendigen Kraft, ja Furchtbarkeit Gottes, die alle Gegensätze umfasst. Die Welt wird zur Manifestation einer Tiefenschicht im göttlichen Wesen, die alles Maß sprengt und dem Menschen als solche grauenhaft erscheinen muss. Nach Böhme hat der Sturz Luzifers eine kosmische Katastrophe heraufbeschworen, und zwar noch vor der Erschaffung der materiellen Welt, was zur Folge hatte, dass bereits im Schöpfungsakt Harmonie und Gleichmaß der Kräfte zerbrachen und sich der spätere Sündenfall des Menschen vorbereitete. – Dies adaptiert Schelling und verleiht ihm eine eigene philosophische Dimension, die noch die *Philosophie der Offenbarung* maßgeblich bestimmt. Auch für Schelling wird die Welt zur kämpferischen Selbstverwirklichung des Göttlichen in Mensch und Natur. Die Gottesvorstellung der Naturphilosophie tritt in den Hintergrund zugunsten einer Theosophie, die ständig die Grenzen des Mitteilbaren überhaupt streift. In der Freiheitsschrift heißt es: *Gott ist etwas Realeres als eine bloße moralische Weltordnung, und hat ganz andere und lebendigere Bewegungskräfte in sich, als ihm die dürftige Subtilität abstrakter Idealisten zuschreibt. Der Abscheu gegen alles Reale, der das Geistige durch jede Berührung mit demselben zu verunreinigen meint, muß natürlich auch den Blick für den Ursprung des Bösen blind machen.*[181] Auf die Theosophie Schellings kann hier nicht detailliert eingegangen werden; wichtig für unseren Zusammenhang ist ihr prinzipieller Anthropomorphismus. Dieser wird in der folgenden Bemerkung aus den Stuttgarter Privatvorlesungen unmissverständlich formuliert: *Entweder ist uns das Urwesen ein mit einem Mal fertiges und unveränderlich vorhandenes. Dies ist der gewöhnliche Begriff von Gott – der sogenannten Vernunftreligion und aller abstrakten Systeme. Allein je mehr wir diesen Begriff von Gott hinaufschrauben, desto mehr verliert Gott für uns an Lebendigkeit, desto weniger ist er als ein wirkliches, persönli-*

ches, im eigentlichen Sinn, wie wir, lebendes Wesen zu begreifen. Verlangen wir einen Gott, den wir als ein ganz lebendiges, persön- liches Wesen ansehen können, dann müssen wir ihn eben auch ganz menschlich ansehen, wir müssen annehmen, daß sein Leben die größte Analogie mit dem menschlichen hat, daß in ihm neben dem ewigen Sein auch ein ewiges Werden ist, daß er mit Einem Wort alles mit dem Menschen gemein hat, ausgenommen die Ab- hängigkeit (Ausspruch des Hippokrates).[182]

Um diese zunächst befremdliche Vorstellung einordnen und auch die Freiheitslehre wenigstens in Ansätzen begreifen zu können, bedarf es der Skizzierung der Schellingschen Weltsicht in den Jahren der Freiheitsschrift und der *Weltalter-Entwürfe*. Diese Weltsicht, der eine entsprechende existentielle Grundhal- tung zuzuordnen ist, deutet sich bereits 1806 an und reicht richtungsmäßig bis in die Schlussphase des Schellingschen Den- kens hinein. Noch die Potenzenlehre der *Philosophie der Offen- barung* folgt dem in den *Weltaltern* konzipierten Grundmuster. – Die naturphilosophischen Erkenntnisse einschließlich des iden- titätsphilosophischen Real-Idealismus bleiben auch in der Frei- heitsschrift und den *Weltaltern* erhalten, erfahren aber eine bis dato ungeahnte Vertiefung. Die ästhetisch-ganzheitliche Weltbe- jahung weicht dem Bewusstsein der Abgründe und der Gefähr- dung der Existenz, der permanenten Bedrohung durch das Cha- os. Der nach wie vor als Aufstieg zum Geist gedeutete Prozess der Natur wird zunehmend als ein solcher des Kampfes und des Streites gesehen. Der Bewusstwerdungsprozess, der in der Na- tur beginnt und sich in der Geschichte fortsetzt, erscheint als würgender Kampf der Formkräfte des Lichts gegen die Kräfte der Finsternis und des Chaos. Die dynamische Weltschau der frühen naturphilosophischen Schriften, die in den Jahren 1801 bis 1806 der relativen Statik der Identitätsphilosophie gewichen war, wird auf höherer Ebene aufgegriffen und weitergeführt. Es entsteht ein gewaltiges Bild miteinander ringender Kräfte in Natur und Geschichte, welches die Ferne zum traditionellen Rationalismus ermessen lässt, die Schelling mit der Freiheitsschrift erreicht hat.

Dies soll an einigen repräsentativen Textstellen verdeutlicht werden: *Nach der ewigen Tat der Selbstoffenbarung ist nämlich in der Welt, wie wir sie jetzt erblicken, alles Regel, Ordnung und Form; aber immer liegt noch im Grunde das Regellose, als könnte es einmal wieder durchbrechen, und nirgends scheint es, als wären Ordnung und Form das Ursprüngliche, sondern als wäre ein anfänglich Regelloses zur Ordnung gebracht worden. Dieses ist an den Dingen die unergreifliche Basis der Realität, der nie aufgehende Rest, das, was sich mit der größten Anstrengung nicht in Verstand auflösen läßt, sondern ewig im Grunde bleibt. Aus diesem Verstandlosen ist im eigentlichen Sinne der Verstand geboren. Ohne dies vorausgehende Dunkel gibt es keine Realität der Kreatur; Finsternis ist ihr notwendiges Erbteil ... Dennoch wüßten wir nichts, das den Menschen mehr antreiben könnte, aus allen Kräften nach dem Lichte zu streben, als das Bewußtsein der tiefen Nacht, aus der er ans Dasein gehoben worden.*[183] Der Kosmos ist also nach Schelling im letzten geordnetes Chaos, mühsam zur Ordnung gezwungene Formlosigkeit. Wie die Finsternis der Ermöglichungsgrund des Lichts, so ist die Nacht des Unbewussten und des blinden Wollens der Ermöglichungsgrund des Geistes und des Bewusstseins. Zur Grundbedingung der Existenz überhaupt gehört nach Schelling das Vorhandensein jenes Widerspruchs, der ins Absolute hinabreicht. Schelling unterscheidet *zwischen dem Wesen, sofern es existiert, und dem Wesen, sofern es*

163

bloß Grund von Existenz ist[184]. Der Terminus *Grund* meint hier soviel wie Basis oder Fundament. Auch im Absoluten, also in Gott selbst, gibt es eine dunkle Schicht als Prinzip der Formlosigkeit und der Unbewusstheit, von Schelling als *Wille des Grundes* bezeichnet. Das Bewusstseins- und Lichtprinzip in der göttlichen Absolutheit kann zwar nicht bestehen ohne seinen dunklen Grund, ist diesem aber übergeordnet bzw. bindet ihn zur absoluten Identität, zur organischen und untrennbaren Einheit in Gott. Diesen dunklen Grund im Absoluten nennt Schelling auch *die N a t u r – in Gott; ein von ihm zwar unabtrennliches, aber doch unterschiedenes Wesen ... Analogisch kann dieses Verhältnis durch das der Schwerkraft und des Lichtes in der Natur erläutert werden. Die Schwerkraft geht vor dem Licht her als dessen ewig dunkler Grund, der selbst nicht actu ist, und entflieht in die Nacht, indem das Licht (das Existierende) aufgeht.*[185]

Hier folgt Schelling ganz der Theosophie Jakob Böhmes. Zu fragen wäre, ob er sich mit den zitierten Äußerungen nicht faktisch jenem von ihm zurückgewiesenen Ur-Dualismus (im Sinne Zarathustras) annähert. – Nach Schelling trägt Gott keineswegs das Böse in sich, das würde seinem Wesen widersprechen, aber seine Selbstoffenbarung in der Schöpfung setzt die Trennung der in ihm vereinten Prinzipien voraus. Die dunkle Urschicht – der *Wille des Grundes* – ermöglicht Natur und Kosmos, soll aber stets auf dem Grund der Dinge bleiben, stets vom *Willen der Liebe*, also dem Geist- und Lichtprinzip beherrscht werden. Was sich in der Natur als die Entfaltung und das Auseinandertreten zweier Prinzipien offenbart (Schwere und Licht), wird in der Sphäre der menschlichen Geschichte auf eine höhere Ebene verlagert. Sowohl in der Natur als auch in der Geschichte wird der Bewusstwerdungsprozess vom Kampf der Gegensätze, vom

Prinzip der Polarität und Steigerung vorangetrieben. Jede Steigerungsstufe im Geistigen ist das Resultat eines Sieges über das Unbewusste. Das Böse ist ein Krankheitssymptom am Organismus des Universums, wie Schelling in bewusster Anknüpfung an Franz von Baader herausstellt. Der Prozess der Schöpfung zielt *nur auf eine innere Transmutation oder Verklärung des anfänglich dunkeln Prinzips in das Licht* [186].

Freiheit wird von Schelling bestimmt als *ein Vermögen des Guten und des Bösen*, dessen Möglichkeit auf der Getrenntheit der im Absoluten vereinigten Prinzipien beruht. [187] Der Mensch ist in die *Selbstheit* gesetzt, die im Letzten als Geist und Wille zu begreifen ist. Das Böse wird ermöglicht durch eine *positive Verkehrtheit oder Umkehrung der Prinzipien* [188]. Das Böse als wirkende Kraft kann nicht allein aus einer Negation heraus erklärt werden, es beruht nach Schelling auf einer Pervertierung, einer Vertauschung der Basis von Existenz mit dem Lichtprinzip des Geistes. Der Mensch ist in der Lage, *das ewige Band der Kräfte* willkürlich zu zerreißen. [189] Der Widerspruch gehört zum Sein, er ist nicht zu eliminieren, aber gerade darin liegt der Quell der Freiheit und der Abgrund des Bösen. – Schelling wendet sich gegen alle denkerischen Bemühungen, den Grundwiderspruch des Seins auszuschalten, das Schreckliche oder das Chaos auf dem Grunde der Dinge zu negieren. In dem *Weltalter*-Entwurf von 1813 heißt es: *Bedenken wir das viele Schreckliche in Natur und Geisterwelt und das weit Mehrere, das eine wohlwollende Hand uns zuzudecken scheint, dann können wir nicht zweifeln, daß die Gottheit über einer Welt von Schrecken throne, und Gott nach dem, was in ihm und durch ihn verborgen ist, nicht im uneigentlichen, sondern im eigentlichen Sinne der Schreckliche, der Fürchterliche heißen könne.* [190] *Es ist vergebliches Bemühen, aus friedli-*

cher Ineinsbildung verschiedener Kräfte die Mannigfaltigkeit in der Natur zu erklären. Alles, was wird, kann nur im Unmut werden, und wie Angst die Grundempfindung jedes lebenden Geschöpfs, so ist alles, was lebt, nur im heftigen Streit empfangen und geboren. Wer möchte glauben, daß die Natur so vielerlei wunderliche Produkte in dieser schrecklichen äußern Verwirrung und chaotischen innern Mischung, da nicht leicht eines für sich, sondern durchdrungen und durchwachsen von andern angetroffen wird, in Ruhe und Frieden oder anders als im heftigsten Widerwillen der Kräfte habe erschaffen können? Sind nicht die meisten Produkte der unorganischen Natur offenbar Kinder der Angst, des Schreckens, ja der Verzweiflung? Und so sehen wir auch in dem einzigen Falle, der uns gewissermaßen verstattet ist, Zeugen einer ursprünglichen Erschaffung zu sein, daß die erste Grundlage des künftigen Menschen nur in tödlichem Streit, schrecklichem Unmut und oft bis zur Verzweiflung gehender Angst ausgebildet wird. Wenn nun dieses im Einzelnen und Kleinen geschieht, sollte es im Großen, bei Hervorbringung der ersten Teile des Weltsystems, anders sein? [191]

Man vergleiche diese erstaunlichen Sätze mit den entsprechenden Äußerungen aus dem Jahre 1804, um den Weg zu ermessen, den Schelling gegangen ist. Die Harmonie der Natur, noch bis 1806 als Tatsächlichkeit beschrieben, wird in späteren Jahren zur Utopie, zum Ziel oder zur kosmischen Aufgabe des Menschen. Dieser kann und soll daran mitwirken, dass jene Harmonie ihrer Verwirklichung nahekommt. Die Wiedergewinnung des Kosmos (als göttliche Ordnung verstanden) wird zur kämpferisch zu realisierenden spirituellen Tat des Menschen, zur kämpferischen Überwindung des chaotischen Grundes. *Der Mensch ist auf jenen Gipfel gestellt, wo er die Selbstbewegungs-*

quelle zum Guten und Bösen gleicherweise in sich hat: das Band der Prinzipien in ihm ist kein notwendiges, sondern ein freies. Er steht am Scheidepunkt; was er auch wähle, es wird seine Tat sein, aber er kann nicht in der Unentschiedenheit bleiben, weil Gott notwendig sich offenbaren muß, und weil in der Schöpfung überhaupt nichts Zweideutiges bleiben kann.[192] Schelling betont, daß der Mensch die eigentliche Einheit der Natur darstelle: ja er sei *der Erlöser der Natur, auf den alle Vorbilder derselben zielen* [193]. Diese Aussage führt in das Zentrum der Schellingschen Anthropologie. Zunächst seien die Grundzüge der Weltsicht in der Freiheitsschrift und den *Weltalter*-Entwürfen vervollständigt und vertieft: In immer neuen Wendungen weist Schelling auf die Ursprungskraft des Willens im Zusammenwirken mit dem Widerspruch in allem Sein hin. *Das Erste jedes Wesens ist, daß es sich selber will, dieses sich-Wollen ist eben nachher die Grundlage der Egoität, das, wodurch ein Wesen sich abzieht oder abschneidet von andern Dingen, wodurch es nur Es Selbst ist, und also nach außen oder gegen alles andere verneinend. Aber im Wollen überhaupt liegt auch allein die Kraft eines Anfangs. Denn das, was gewollt wird, was also der Intention nach eigentlich sein soll, wird eben in dem, daß es g e w o l l t wird, als nicht seiend gesetzt. Aber aller Anfang beruht darauf, daß das nicht sei, das eigentlich sein soll (das an sich Seiende) ... Denn überhaupt nur in der Verneinung liegt der Anfang. Verneinung ist also das notwendig Vorausgehende (prius) jeder Bewegung.*[194] Der Wille zum Sein, als dessen Bejahung, setzt dessen faktische Verneinung voraus. *Wäre das Nein nicht, so wäre das Ja ohne Kraft.*[195] *Aber dem bejahenden Prinzip an sich selbst ist die verneinende Kraft völlig fremd; und doch ist es als das Seiende nur dadurch seiend und wirklich, dass es die verneinende Kraft in sich zurückdrängt.*[196]

Dies sind die Kräfte jenes inneren unaufhörlich sich selbst gebä-
renden und wieder verzehrenden Lebens, das der Mensch nicht
ohne Schrecken als das in allem Verborgene ahnen muß, ob es
gleich jetzt zugedeckt ist und nach außen ruhige Eigenschaften
angenommen hat ... Ewig erzeugt sich der Gegensatz, um immer
wieder von der Einheit verzehrt zu werden, und ewig wird der Ge-
gensatz von der Einheit verzehrt, um immer neu aufzuleben.[197]
Alles ruht nur, sofern es sein eigentliches Wesen, seinen Halt und
Bestand in dem Willen gefunden, der nichts will. In der größten
Unruhe des Lebens, in der heftigsten Bewegung aller Kräfte ist
doch immer der Wille, der nichts will, das eigentliche Ziel.[198] Dies
entspricht richtungsmäßig der Schopenhauerschen «Verneinung des Willens», die als Erlösung und Befreiung angesehen
wird.

Was Schelling in den *Weltaltern* die *ursprüngliche Verneinung*
nennt, *die Mutter und Säugamme der ganzen uns sichtbaren*
Welt[199], wird in der Freiheitsschrift als *Wille des Grundes* bezeichnet, als dunkle Urschicht im Absoluten. Kosmisches Werden hat nach Schelling sein Wesen in einem fortwährenden Zu-
rückdrängen der verneinenden Urkraft, des Chaos. *Wir begrei-*
fen, daß die erste Existenz der Widerspruch selber ist, und umge-
kehrt nur in Widerspruch die erste Wirklichkeit bestehen kann,
von dem einige sagen, daß er nun und nimmer wirklich sein kön-
ne. Alles Leben muß durchs Feuer des Widerspruchs gehen; Wi-
derspruch ist des Lebens Triebwerk und Innerstes ... Der Wider-
spruch, den wir hier begriffen, ist der Quellbronn des ewigen Le-
bens; die Konstruktion dieses Widerspruchs die höchste Aufgabe
der Wissenschaft.[200] *Der Weltbau zeigt deutlich genug die Gegen-*
wart einer inneren geistigen Potenz bei seiner ersten Entstehung;
aber ebenso unverkennbar ist der Anteil, der Miteinfluß eines ver-

nunftlosen (irrationalen) Prinzips, das nur beschränkt, nicht völlig überwältigt werden konnte, daher die organischen Gesetze des Weltbaus schwerlich nach so einfachen Verhältnissen, als bisher versucht worden, ergründlich sind, und auf keinen Fall aus bloßen Begriffen, sondern nur an der Wirklichkeit selbst entwickelt werden können.[201]

Um Schellings Grundkonzeption nicht misszuverstehen, muss stets im Auge behalten werden, dass jene häufig heraufbeschworene dunkle Urschicht auf dem Grunde der Dinge Existenz überhaupt erst möglich macht. Das Chaos oder die Verneinung ist nach Schelling das Fundament des Seins; ohne dieses fehlt es auch dem Lichtprinzip des Geistes an realem Grund. Beide bedingen einander, repräsentieren gleichwohl den Grundwiderspruch im Universum, dem niemals auszuweichen ist. Dieser wurzelt im Absoluten selbst und manifestiert sich in der Welt als das Geschiedensein der Grundprinzipien. Daraus erwächst das Vermögen der Freiheit, die Fähigkeit, die hierarchische Ordnung von Licht und Schwere, Geist und Selbstheit (Egoität) im Willen zu zerstören. – Diese Schellingsche Vorstellung ist alles andere als systematisch ausgebaut und letztgültig ausformuliert; wie schon die Naturphilosophie, so bleibt auch diese (mittlere) Phase der geistigen Entwicklung Schellings ein Torso, obwohl Teile desselben in die *Philosophie der Mythologie* und die *Philosophie der Offenbarung* integriert werden. – Zur Verkehrung der Prinzipien gehört die Erhebung des bloß Dienenden zum Herrschenden. In den Stuttgarter Privatvorlesungen heißt es: *Denn das Böse ist eben nichts anderes als das relativ Nichtseiende, das sich zum Seienden erigiert, also das wahre Seiende verdrängt. Es ist von der einen Seite ein Nichts, von der andern ein höchst reelles Wesen.*[202] Auch der Irrtum ist keine bloße

169

P r i v a t i o n der Wahrheit. Er ist etwas höchst Positives. Er ist nicht Mangel an Geist, sondern verkehrter Geist. Daher der Irrtum höchst geistreich, und doch Irrtum sein kann. – Ebenso das Böse ist nicht bloße Privation des Guten, nicht bloße Verneinung der inneren Harmonie, sondern positive Disharmonie ... Das Böse ist in gewissem Betracht das reinste Geistige, denn es führt den heftigsten Krieg gegen alles Sein, ja es möchte den Grund der Schöpfung aufheben.[203]

Der Mensch unserer Tage, der um die Abgründe der Barbarei und des Grauens in Auschwitz, Dresden, Hiroshima usw. weiß, hätte wenig Anlass, die Schellingsche Vorstellung von der Realität und dem «positiven» Charakter des Bösen (im Gegensatz zum bloß negativen oder verneinenden) zurückzuweisen oder zu relativieren. Das Böse, dies dürfte die Geschichte schon zur Zeit Schellings lehren, kann nicht nur als Beraubung oder Negation (Privation) des Guten begriffen werden; es erfährt vielmehr seine furchtbare Durchschlagskraft gerade durch jene ursprüngliche und durchaus existentielle Realität, die ins Negative gewendet wurde und der Pervertierung verfiel. *Denn das Böse ist ja nichts anderes als der Urgrund zur Existenz, inwiefern er im erschaffenen Wesen zur Aktualisierung strebt, und also in der Tat nur die höhere Potenz des in der Natur wirkenden Grundes.*[204] Der dunkle Urgrund der Natur wirkt auch in der Geschichte, der Fortsetzung der Naturentwicklung auf höherer Stufe. In der *Philosophie der Mythologie* entwickelt Schelling die These, dass der sich in den Mythen der Völker spiegelnde geistige Entwicklungsprozess die Wiederholung des Naturprozesses im menschlichen Bewusstsein darstelle. – Erst in der Geschichte und damit im Menschen kann das Böse in seine Eigentlichkeit und Furchtbarkeit treten, obwohl es auch der Natur nicht gänzlich fremd ist. Hier treten Widersprüche im Denken Schellings auf. Einerseits stellt er die Natur als jene Sphäre heraus, innerhalb derer das Böse keinerlei Ansatzmöglichkeiten hat, betont also – mit Nietzsche zu reden – die «Unschuld des Werdens», andererseits behauptet er einen herabziehenden und zur Entartung führenden Einfluss des Menschen auf die Natur. Es gibt noch andere Versionen. In der letztgenannten denkt Schelling Ansätze Jakob Böhmes und Franz von Baaders weiter, indem er den Menschen für die chaotischen Tendenzen in der Natur verantwortlich macht: Der Mensch habe versagt und jene ihm von Gott zugewiesene Aufgabe nicht erfüllt, den *wahren Einheitspunkt* der Natur zu bilden. Die *entartete Natur* gehe auf das Schuldkonto des Menschen, sei die Folge seines spirituellen Versagens. Die interessanteste Formulierung dieser Auffassung findet sich in der Clara-Schrift von 1810: *Wer je mit Augen gesehen hat, welche schreckliche Folgen auf den menschlichen Körper eine gehemmte Entwicklung hat, nach welcher die Natur mit Heftigkeit verlangt, wie durch ungeschickten Eingriff aufgehaltene oder durch bereits vorhandene Entkräftung unmöglich gewordene Krisis in der Krankheit unmittelbar das Zurücksinken der Kräfte in Todesschwäche und unfehlbar den Tod verursacht: der wird sich einen ungefähren Begriff machen können von den zerstörenden Wirkungen, welche die durch den Menschen plötzlich eingetretene Hemmung ihrer Evolution auf die ganze Natur haben mußte. Die Kräfte, die voll und mächtig hervorgetreten waren, bereit sich in eine höhere Welt zu erheben und ihren Verklärungspunkt zu erreichen, schlugen in die gegenwärtige zurück und erstickten so den innern Lebenstrieb, der freilich immer noch wie ein eingeschlossenes Feuer wirkt, aber weil die eigentliche Erhebung nicht mehr möglich ist, als ein Feuer der Pein und Angst, das nach allen*

Seiten seinen Ausweg sucht.[205] Dies bezieht sich auf den von Schelling angenommenen *magischen Zusammenhang des Menschen mit der Natur,* der darin gründet, daß *die Augen aller Geschöpfe auf ihn* (den Menschen) *gerichtet sind, weil alles auf ihn berechnet war*[206]. Die Vollendung der Natur ist die Geisterwelt, *deren Wesen allein der beseelende Hauch der ganzen Natur ist, ohne den sie bald in eine rückgängige Bewegung und dadurch in Zerrüttung geraten, zuletzt jenem ursprünglichen Widerspruch und der anfänglichen Bestandlosigkeit wieder anheimfallen würde, aus der sie nur durch das organische Verhältnis zu der Geisterwelt gesetzt worden.*[207] Dieses organische Verhältnis ist durch das Versagen des Menschen gestört worden; die Folge ist der partielle Einbruch des Chaos in die Natur. – Man muss den spirituellen oder magischen Aspekt der Schellingschen Auffassung nicht akzeptieren, um die existentielle Berechtigung der Aufforderung an den Menschen zu verstehen, die Natur zu «erlösen», das in ihr verborgene Leben zu befreien und in wirkenden Geist umzuwandeln. Von hier spannt sich der Bogen zurück zu der erwähnten Anwaltschaft Schellings für die *Selbstlebendigkeit* der Natur gegen die abendländische Naturfeindschaft und Naturzerstörung.

Schelling weist alle bisherigen Versuche des Denkens, das Problem der Freiheit zu lösen und dem Rätsel des Bösen näherzukommen, als unzulänglich zurück. Der Gedankengang des Kernstücks der Freiheitsschrift stellt sich wie folgt dar: Die Vorstellung der absoluten Zufälligkeit und Willkür im Tun des Menschen ist genauso unhaltbar wie diejenige der kausalen Determiniertheit. *Beiden gleich unbekannt ist jene höhere Notwendigkeit, die gleichweit entfernt ist von Zufall als Zwang oder äußerem Bestimmtwerden, die vielmehr eine innere, aus dem Wesen*

des Handelnden selbst quellende Notwendigkeit ist. Alle Verbesse-
rungen aber, die man bei dem Determinismus anzubringen such-
te, z. B. die Leibnizische, daß die bewegenden Ursachen den Wil-
len doch nur inklinieren, aber nicht bestimmen, helfen in der
Hauptsache gar nichts.[208] Es folgt eine Darstellung des von Kant
ausgehenden idealistischen Grundansatzes. Mit Kant sagt Schelling, daß *das intelligible Wesen jedes Dings, und vorzüglich des*
Menschen ... außer allem Kausalzusammenhang, wie außer oder
über aller Zeit sei.[209] *Die freie Handlung folgt unmittelbar aus*
dem Intelligibeln des Menschen. Aber sie ist notwendig eine be-
stimmte Handlung, z. B. um das Nächste anzuführen, eine gute
oder böse.[210] Von dem intelligiblen Wesen des Menschen nimmt
Schelling (ebenso wie Kant) an, dass es absolut frei sei und nur
seiner eigenen inneren Natur gemäß handeln könne; *... oder die*
Handlung kann aus seinem Innern nur nach dem Gesetz der Iden-
tität und mit absoluter Notwendigkeit folgen, welche allein auch
die absolute Freiheit ist; denn frei ist, was nur den Gesetzen seines
eignen Wesens gemäß handelt und von nichts anderem weder in
noch außer ihm bestimmt ist.[211]

Schelling postuliert, was bei Kant bereits angedeutet, aber
nicht mit letzter Klarheit ausformuliert ist, dass jene innere
Notwendigkeit, aus welcher alle Handlungen des Menschen her-
vorgehen, mit der Freiheit identisch, dass also das Wesen des
Menschen *wesentlich s e i n e   e i g n e   T a t* sei.[212] *Das Ich, sagt*
Fichte, ist seine eigne Tat; Bewußtsein ist Selbstsetzen – aber das
Ich ist nichts von diesem Verschiedenes, sondern eben das Selbst-
setzen selber. Dieses Bewußtsein aber, inwiefern es bloß als selbst-
Erfassen oder Erkennen des Ich gedacht wird, ist nicht einmal das
Erste, und setzt wie alles bloße Erkennen das eigentliche Sein
schon voraus. Dieses vor dem Erkennen vermutete Sein ist aber

kein Sein, wenn es gleich kein Erkennen ist; es ist reales Selbstsetzen, es ist ein Ur- und Grundwollen, das sich selbst zu etwas macht und der Grund und die Basis aller Wesenheit ist.[213] Damit macht Schelling den Willen, wie später Schopenhauer, zur Grundlage des menschlichen Seins und Wesens: Wie der Mensch i s t, mit allen Besonderheiten seines So-Seins, so hat er sich selbst g e w o l l t, und zwar in einem metaphysischen Willensakt außerhalb von Zeit und Kausalität. Sein Tun ist absolut notwendig, das heißt wird von seinem Wesen bestimmt, aber er hätte ein anderer sein können, als er realiter ist; d a r i n liegt seine Freiheit, und darin gründet auch die moralische Zurechnungsfähigkeit. Kant, der in seiner «Grundlegung zur Metaphysik der Sitten» die Schellingschen Schlussfolgerungen entscheidend vorbereitet hat, hält das Problem der Moralität im Letzten für unlösbar bzw. verlagert es in den transzendentalen Bereich. Ob damit die moralische Freiheit überhaupt zur bloßen Fiktion wird, wie zum Beispiel der Kant-Interpret Hans Vaihinger hervorgehoben hat, sei dahingestellt; sicherlich sind die Grenzen zwischen Fiktion und Postulat fließend.

Auf den ersten Blick geht Schelling nur geringfügig weiter als Kant; auch bei ihm bleibt die Kardinalfrage unbeantwortet, wie weit oder tief die menschliche Individualität in die Region des Metaphysischen hinabreicht. Die Präexistenz der Seele, im Sinne eines zeitlichen «Vorher», lehnt Schelling genauso ab wie später Schopenhauer, obwohl sich bei beiden Denkern genügend Äußerungen finden, welche diese Auffassung entscheidend einschränken. Bei Schelling besteht diese Einschränkung in der Einbeziehung platonischer und neuplatonischer Gedanken zur Wiedergeburt der Seelen; ich erinnere an die oben zitierte Aussage in der Abhandlung *Philosophie und Religion*, die jedoch in den späteren Schriften eine erhebliche Modifizierung erhält und schließlich ganz aufgegeben wird. In der Freiheitsschrift heißt es: *Weil in der Schöpfung der höchste Zusammenklang und nichts so getrennt und nacheinander ist, wie wir es darstellen müssen, sondern im Früheren auch schon das Spätere mitwirkt und alles in Einem magischen Schlage zugleich geschieht, so hat der Mensch, der hier entschieden und bestimmt erscheint, in der ersten Schöpfung sich in bestimmter Gestalt ergriffen, und wird als solcher, der er von Ewigkeit ist, geboren, indem durch jene Tat sogar die Art und Beschaffenheit seiner Korporisation bestimmt ist.*[214] Auch die körperliche Erscheinungsform also ist nach Schelling die Folge jener metaphysischen Tat «vor» der Geburt, die eigentlich außerhalb der Zeit geschieht. Der Gedanke ist für sich genommen alt; Platon bereits hat ihn aus orphisch-pythagoreischen Quellen übernommen und weiterentwickelt. Wir rühren hier an eine Nahtstelle der denkerischen Auseinandersetzung Schellings mit der Freiheitsproblematik; in höherem Grade als in der Freiheitslehre Kants ist in derjenigen Schellings der Gedanke der vorgeburtlichen Existenz der menschlichen Seele implizit enthalten, wenn dieser auch eigentümlich verwischt wird durch die gleichzeitige Bezugnahme auf den Fichteschen Idealismus. Die philosophische Leistung Schellings mit Blick auf die Freiheitsfrage besteht in der – zumindest partiellen – Überwindung des bloß formalen idealistischen Ansatzes: Das Problem der moralischen Freiheit wird im Rahmen eines großangelegten metaphysischen Entwurfs behandelt, der in Spannweite und Tiefe in der Geistesgeschichte des 19. Jahrhunderts kein Äquivalent hat.

In diese Bemerkung möchte ich die *Philosophie der Mythologie* und die *Philosophie der Offenbarung* einbezogen wissen.

Um das idealistische Postulat zu retten, muss Schelling die Erschaffung des Menschen *in den Anfang der Schöpfung* verlegen, die freie Tat der Selbstbestimmung zur *ewigen Tat* machen.[215] Daraus wird in den *Weltaltern* gefolgert, daß die menschliche Seele *eine Mitwissenschaft der Schöpfung* habe; in ihr ruhe *die Erinnerung aller Dinge, ihrer ursprünglichen Verhältnisse, ihres Werdens, ihrer Bedeutung.*[216] *Gewiß ist, daß, wer die Geschichte des eignen Lebens von Grund aus schreiben könnte, damit auch die Geschichte des Weltalls in einen kurzen Inbegriff gefaßt hätte. Der große Teil der Menschen wendet sich von den Verborgenheiten seines eignen Inneren ebenso ab wie von den Tiefen des großen Lebens und scheut den Blick in die Abgründe jener Vergangenheit, die in ihm nur zu sehr noch als Gegenwart sich verhält.*[217]

Zur Frage der Fortexistenz der Seele nach dem Tode (die ja mit derjenigen nach der Präexistenz eng verknüpft ist) hat sich Schelling zu wiederholten Malen geäußert, vor allem in der *Clara*-Schrift und in den Stuttgarter Privatvorlesungen. Diese Äußerungen lassen sich nur dann sinnvoll einordnen, wenn man, wie Schelling selbst im Jahre 1804, von der Prämisse der Wiederverkörperung ausgeht. Die Gesamtkonzeption Schellings von der dynamischen Stufenfolge der Bewusstheit in Natur und Geschichte, vom Prinzip der Polarität und Steigerung als «Motor» des kosmischen Werdens, legt den Gedanken nahe, der *organischen Metamorphose* des Universums die Metempsychose (Seelenwanderung) und die Palingenesie (Wiedergeburt) zuzuordnen. Dies erst macht den von Schelling betonten organischen Zusammenhang von Natur und Geisterwelt wirklich verständlich und vertieft den Real-Idealismus auf allen Ebenen des Seins. Der Tod ist für Schelling die Zurückführung des Menschen in sein eigentliches Wesen, in die höhere Potenz: *Was folgt aber nun dem Menschen in die Geisterwelt? Antwort: Alles, was auch hier schon Er s e l b e r war, und nur das bleibt zurück, was nicht Er s e l b e r war.* [218] Die Realität des «Toten» ist eine höhere als die des Lebenden. Auch der Verstorbene ist «real» und «ideal» zugleich, also keineswegs reines Geistwesen, wie Schelling ausdrücklich betont. Er benutzt hier, in Anlehnung an altgriechische Vorstellungen, den Begriff des «Dämonischen»: *«Dieses Dämonische ist also ein h ö c h s t - w i r k l i c h e s Wesen, ja weit w i r k l i c h e r, als der Mensch in diesem Leben ist.* [219] In der *Clara*-Schrift postuliert Schelling, wie bereits hervorgehoben, ein Stufenreich der Bewusstseinszustände der Seelen nach dem Tode. Es bleibt merkwürdig, dass er diesen Gedanken nicht, was doch nahegelegen hätte, auf den Zustand der Seelen «vor» der Verkörperung überträgt. Dies hätte ihn der auf Kant zurückgehenden Behauptung enthoben, das Ich bestimme sich selbst in einem Akt absoluter Freiheit außerhalb aller Welt.

Man muss sich diesen Gedankenkomplex einmal an Extrembeispielen deutlich machen: Ein mit körperlichen Missbildungen geborener Mensch hat diese Art der Verkörperung bereits im Uranfang der Schöpfung so und nicht anders gewollt; die Missbildung mit allen Folgen ist seine eigene freie Tat. Ein – gelinde gesagt – ungeheuerlicher Gedanke! Die kausale Bestimmtheit durch genetische und andere Faktoren der Sinnenwelt ist nach Schelling (wie auch nach Kant) kein Beweis gegen diese metaphysische Freiheit. In realistischer oder materialistischer Sicht wird der als Beispiel herangezogene Fall nicht verständlicher, eher trifft das Gegenteil zu: Man müsste sich zu der Annahme der völligen Zufälligkeit des Ich-Bewusstseins und der körperlichen Erscheinungsform bequemen. Leid und Krankheit als Zufall bzw. als Folge einer blinden, letztlich menschenfeindli-

177

chen Kausalkette – eine gleichfalls jedem moralischen Bewusstsein zutiefst widerstrebende Behauptung. – Erst in der Annahme eines Stufenreichs der Bewusstseins- und Läuterungsgrade über verschiedene Verkörperungsformen hinweg, wie Schelling dies in der Schrift *Philosophie und Religion* dargestellt hat, verliert das genannte Beispiel ein wenig von seiner «Unauslotbarkeit», für die Vernunft. Von christlichen Interpretationsmögijchkeiten sei hier abgesehen. – In der Schellingschen Spätphilosophie wird die tragische Komponente jenes ursprünglichen Willensaktes «vor» der materiellen Schöpfung hervorgehoben; der «Fall in die Körperlichkeit» (neuplatonisch gesprochen) wird zum *Urfaktum, zum unvordenklichen Verhängnis; das unvordenkliche, weil er der Vorgang ist, vor dem sich das Bewußtsein nichts denken, nämlich nichts sich erinnern kann. Ein V e r h ä n g n i s aber ist er, nicht allein weil er in einem zwischen Besinnung und Besinnungslosigkeit zweifelhaften – in der Mitte schwebenden Zustand sich ereignend gedacht werden muß, sondern vorzüglich, weil sich der Wille durch den Erfolg, den n i c h t b e a b s i c h- t i g t e n, auf eine ihm selbst in der Folge nicht mehr begreifliche Weise überrascht sieht. Denn er glaubte, in der Wirklichkeit noch eben dasselbe bleiben zu können, was er in der Möglichkeit war, aber eben darin findet er sich getäuscht, er ist also selbst von der Folge seiner Tat überrascht, sie stellt sich ihm dar als das nicht Gewollte, U n v e r s e h e n e, U n e r w a r t e t e. Nur die Folge der Tat bleibt im Bewußtsein. Bis zu dem Vorgang selbst reicht keine Erinnerung zurück ... Jener Vorgang selbst also, durch welchen das Bewußtsein von nun an einem unabwendlichen Schicksal unterworfen ist, dieser Vorgang versinkt für das nun wirklich gewordene, sich selbst entfremdete Bewußtsein notwendig in eine ihm unergründliche Tiefe. (Philosophie der Mythologie)* [220]

Seit der Freiheitsschrift identifiziert Schelling das Wesen des Menschen mit seinem Willen, seinem metaphysischen «*Ur- und Grundwollen*». Im So-Sein liegen Schuld und Verantwortung, das Tun ist die notwendige Folge der einem Willensakt entstammenden Individualität. Auch das angeborene Böse des Menschen ist nach Schelling *in seinem Ursprung eigne Tat ... obgleich in bezug auf das jetzige empirische Leben ganz von der Freiheit unabhängig.*[221] Die Schuld (und damit das Böse) besteht darin, dass der Mensch die Rangordnung der Prinzipien verkehrte; er hat den Ermöglichungsgrund der Existenz, jene dunkle Urschicht, die noch die Basis der Selbstheit darstellt, aus der dienenden in eine herrschende Funktion erhoben und damit die kosmische Ordnung gestört, den Grund der Schöpfung angetastet. In der Freiheitsschrift heißt es: *Das Verhältnis beider Prinzipien ist das einer Gebundenheit des finstern Prinzips (der Selbstheit) an das Licht.*[222] Schelling sieht in der Selbstheit des Menschen die Wirksamkeit des realen, kontrahierenden Prinzips, welches das Ich-Bewusstsein überhaupt ermöglicht, aber zugleich dessen Gefährdung in sich birgt: die Erhebung der Selbstheit (Egoität) zum Zentrum der Dinge, die gewaltsame Losreißung vom *Universalwillen* des Göttlichen. Das expandierende Prinzip wird dem Licht und, auf höherer Stufe, dem Geist gleichgesetzt. In jedem der Prinzipien ist jeweils das andere, wenn auch in unterworfener Form, enthalten. Beide sind zugleich «real», und «ideal». Handeln ist nach Schelling stets das In-sich-wirken-Lassen einer höheren Notwendigkeit, woraus die Unmöglichkeit individueller Willkür folgt. Auch der «Böse» vermag nichts aus eigener Kraft, auch er ist angewiesen auf die göttliche Notwendigkeit und die in ihr wirksamen Prinzipien. Er kann die aus dem Absoluten herrührenden Prinzipien nicht aufheben,

also den *Willen des Grundes* und den *Willen der Liebe*, wohl aber
– und darin allein liegt seine Freiheit – vertauschen und damit
«umwerten». Die Wirksamkeit des «Bösen» resultiert aus der
gleichsam auf den Kopf gestellten göttlichen Notwendigkeit.
Schelling formuliert unmissverständlich: *Es ist im strengsten*
Verstande wahr, daß, wie der Mensch überhaupt beschaffen ist,
nicht er selbst, sondern entweder der gute oder der böse Geist in
ihm handelt; und dennoch tut dies der Freiheit keinen Eintrag.
Denn eben das in-sich-handeln-Lassen des guten oder bösen Prin-
zips ist die Folge der intelligiblen Tat, wodurch sein Wesen und
Leben bestimmt ist.[223] *Daher dialektisch ganz richtig gesagt wird:*
Gut und Bös seien dasselbe, nur von verschiedenen Seiten gesehen,
oder, das Böse sei an sich, d. h. in der Wurzel seiner Identität be-
trachtet, das Gute, wie das Gute dagegen, in seiner Entzweiung
oder Nicht-Identität betrachtet, das Böse. Aus diesem Grunde ist
auch jene Rede ganz richtig, daß, wer keinen Stoff noch Kräfte
zum Bösen in sich hat, auch zum Guten untüchtig sei, wovon wir
zu unserer Zeit genugsame Beispiele gesehen. Die Leidenschaften,
welchen unsere negative Moral den Krieg macht, sind Kräfte, de-
ren jede mit der ihr entsprechenden Tugend eine gemeinsame
Wurzel hat. Die Seele alles Hasses ist Liebe, und im heftigsten
Zorn zeigt sich nur die im innersten Zentrum angegriffene und
aufgereizte Stille.[224] *Der Urgrund der Existenz wirkt auch im Bö-*
sen fort, wie in der Krankheit die Gesundheit noch fortwirkt, und
auch das zerrüttetste, verfälschteste Leben bleibt und bewegt sich
noch in Gott, sofern er Grund von Existenz ist. Aber es empfindet
ihn als verzehrenden Grimm, und wird durch das Anziehen des
Grundes selbst in immer höhere Spannung gegen die Einheit, bis
zur Selbstvernichtung und endlichen Krisis, gesetzt.[225]

Zur Wirkungsgeschichte
der Freiheitslehre

Schelling hat die Problematik des Bösen und der menschlichen Freiheit nicht ohne gewisse Inkonsequenzen und sprachlich-gedankliche Unklarheiten darzustellen vermocht, was nicht zuletzt als Folge der ungeheuer schwierigen Thematik angesehen werden muss, an der fast alle Denker gescheitert sind. Viele haben sich durch suggestive Formeln der eigentlichen Tiefendimension der Freiheitsproblematik zu entziehen gewusst, selten ist sie auf jenem Niveau behandelt worden, das in den Schellingschen Schriften zutage tritt, insbesondere in den *Philosophischen Untersuchungen über das Wesen der menschlichen Freiheit* von 1809. Die Freiheitsschrift ist das vorletzte größere Werk, das noch von Schelling selbst veröffentlicht wurde. Der erste *Weltalter-Entwurf,* der hier Wesentliches zum Verständnis beitragen kann, ist erst 1860 im Rahmen der ersten Gesamtausgabe der Öffentlichkeit zugänglich gemacht worden, also zu einer Zeit, deren «Geist» von gänzlich andersartigen Bestrebungen geprägt wurde. Die metaphysische Komponente verschwand zunehmend aus der Philosophie, während die mathematische Naturwissenschaft ihre großen Triumphe feierte und Kapitalismus und Technik jene Verbindung eingingen, die philosophisches Denken im alten Sinne ohnehin zum Anachronismus werden ließ. Und zur sozialen Frage vermochte Schelling nun wirklich wenig oder gar nichts beizutragen. Im Übrigen hatte die seit der Mitte des 19. Jahrhunderts an Breitenwirkung gewinnende Philosophie Schopenhauers die Schellingsche Ausprägung der Willensmetaphysik und ihre Verbindung mit einem geschichtsphilosophischen Gesamtentwurf in den Hintergrund treten lassen.

Die Freiheitsschrift war Schopenhauer bestens bekannt; aber er weist die wiederholt geäußerte Vermutung zurück, von ihr beeinflusst worden zu sein. Schelling wird ausdrücklich nicht in die Reihe der «Vorgänger» aufgenommen, von denen in der Preisschrift über die Willensfreiheit ansonsten ausführlich die Rede ist. Schopenhauer schreibt: «Jetzt noch ein paar Worte über einige Schriftsteller, die nach Kant geschrieben haben, welche ich jedoch nicht als meine Vorgänger betrachte. Von der soeben belobten, höchst wichtigen Lehre Kants, über den intelligibeln und empirischen Charakter, hat eine erläuternde Paraphrase Schelling geliefert, in seiner ‹Untersuchung über die menschliche Freiheit› ... Diese Paraphrase kann, durch die Lebhaftigkeit ihres Kolorits, dienen, manchem die Sache fasslicher zu machen, als die gründliche, aber trockene Kantische Darstellung es vermag.»[226] Schopenhauer macht Schelling zum Vorwurf, den Eindruck erweckt zu haben, als ob diese Gedanken auf ihn selbst zurückzuführen seien. «Schelling steht hier also zu Kant in der glücklichen Lage des Amerigo zum Columbus: mit seinem Namen wird die fremde Entdeckung gestempelt.»[227] Bei allem Respekt vor der intellektuellen Redlichkeit Schopenhauers muss doch hervorgehoben werden, dass diese Bewertung den eigentlichen Sachverhalt verwischt. Wer die entsprechenden Stellen Kants und Schellings vergleicht, dem kann nicht entgehen, dass Schelling gerade das in klarer Form ausspricht, was bei Kant nur verdeckt und indirekt zum Ausdruck kommt. Im Übrigen wird der Name Kants von Schelling ausdrücklich erwähnt, auch der Bezug zu Fichte offengelegt. Auch kann mit gewissen Einschränkungen gesagt werden, dass es Schopenhauer im Verhältnis zu Schelling ähnlich erging, wie dies – angeblich – in der Beziehung Schellings zu Kant der Fall ist: Schopenhauer gilt weithin als Begründer der Willensmetaphysik, deren Grundelemente erstmalig von Schelling formuliert wurden. Darauf haben bereits Zeitgenossen Schopenhauers verwiesen, doch wird die

Vorläuferschaft Schellings, wie erwähnt, von Schopenhauer mit Vehemenz bestritten. Auch von Schopenhauer unbestritten ist die partielle Übereinstimmung mit Schellingschen Grundgedanken, die er mit der gemeinsamen Beeinflussung durch Kant erklärt. Im Nachlass heißt es einmal: «Fichte und Schelling stecken in mir, aber ich nicht in ihnen, d. h. das wenige Wahre, was in ihren Lehren liegt, ist in dem, was ich gesagt habe, mit enthalten.»[228]

Lassen wir die Frage der Berechtigung dieser Behauptung auf sich beruhen, wichtiger ist der Umstand, dass Schopenhauers Lehre von der «Unveränderlichkeit des Charakters» sowie der metaphysischen Selbstbestimmung des Willens und der Notwendigkeit im Handeln der Schellingschen Lehre in ihrem formalen Aspekt entspricht. In der Preisschrift «Über die Grundlage der Moral» (1839) schreibt Schopenhauer: «Aber so strenge auch die Notwendigkeit ist, mit welcher, bei gegebenem Charakter, die Taten von den Motiven hervorgerufen werden; so wird es dennoch keinem, selbst dem nicht, der hiervon überzeugt ist, je einfallen, sich dadurch diskulpieren und die Schuld auf die Motive wälzen zu wollen: denn er erkennt deutlich, daß hier, der Sache und den Anlässen nach, also objective, eine ganz andere, sogar eine entgegengesetzte Handlung sehr wohl möglich war, ja, eingetreten sein würde, w e n n   n u r   e r   e i n   a n d e r e r   g e w e s e n   wäre. Daß aber er, wie es sich aus der Handlung ergibt, ein solcher und kein anderer ist, – das ist es , wofür er sich verantwortlich fühlt: hier, im ‹Esse› liegt die Stelle, welche der Stachel des Gewissens trifft.»[229] Die Freiheit liegt nach Schopenhauer im So-Sein des Menschen, die Notwendigkeit dagegen im Handeln. Schellings Aussagen über das Wesen des Bösen werden von Schopenhauer als «Sophismen» zurückgewiesen, und er beschränkt sich auf den Bereich der formalen Freiheit. Nach Schopenhauer gerät das Denken beim Rätsel der Individuation bzw. der metaphysischen Herkunft des Individuums an seine unüberschreitbaren Grenzen.

Die fulminante Wirkungsgeschichte Hegels im 20. Jahrhundert, vornehmlich über die Vermittlung des Marxismus, brachte – gleichsam als Nebenprodukt – auch eine gewisse Rückbesinnung auf die Quellen der Philosophie Hegels mit sich. Zu den wichtigsten Quellen gehört fraglos der Schellingsche Real-Idealismus. Naturgemäß war in diesem Rezeptionsstrang der spätere Hegel-Gegner und Verfasser der Freiheitsschrift oder der *Philosophie der Offenbarung* eine zu vernachlässigende Größe. Manche fühlten sich berufen, Schelling in die Geschichte des «deutschen Irrationalismus» einzureihen und ihm präfaschistische Züge zu unterschieben. In Existentialismus, Theologie und Tiefenpsychologie wurden die zukunftsweisenden Elemente des Schellingschen Denkens (nach 1809) zunehmend herausgestellt. Das geistige Niveau der Problem- und Fragestellungen jedoch blieb meist unterhalb desjenigen Schellings. Man griff einzelne Aspekte seines Denkens heraus, die der jeweils eigenen Grundhaltung entsprachen, und der Gesamtzusammenhang der Schellingschen Philosophie geriet vollends aus dem Blickfeld.

Im Rahmen der Wirkungsgeschichte der Naturphilosophie wurde dem Philosophen Simon Kraus ein zentraler Platz eingeräumt. Auch hinsichtlich der produktiven Aneignung und Weiterentwicklung der Thesen Schellings zur Freiheit und zum Rätsel des Bösen wäre einmal mehr auf Kraus' Werk «Vom Regenbogen und vom Gesetz der Schöpfung» zu verweisen. Wie Schelling greift Simon Kraus das Problem der «Freiheit zum Bösen» in einem göttlichen Ordnungsgefüge in seiner ganzen Dimensionalität auf. Auch für Kraus ist der Kosmos im Letzten zur Ordnung gezwungenes Chaos; die Welt wird zum Kampfplatz chaotischer und kosmischer Kräfte. Die Ordnung der Welt ist permanent gefährdet durch das Aufbrechen des unterworfenen «Grundes», des Willens zur Formlosigkeit. Für Schelling und für Kraus ist Freiheit ihrem Wesen nach Entscheidungsfreiheit: «Handeln» im tiefsten Sinne des Wortes kann nur dem schöpferischen oder dem zerstörerischen Prinzip des Weltalls zugesprochen werden. Auch das Denken, als Werkzeug des Willens und der Seele, ist nicht «frei», es wird von den Impulsen des einen oder des anderen Urprinzips bewegt und bestimmt. Kraus unterscheidet ausdrücklich ein «Denken des Kosmos» und ein «Denken des Chaos». In der abstrakten Naturwissenschaft sieht er ein zwanghaft-unfreies Streben in die Formlosigkeit. Mit Schelling ist er der Auffassung, dass der chaotische Urgrund eine gleichsam anziehende Wirkung ausübt, welche die *Spannung gegen die Einheit,* wie Schelling sagt, *bis zur Selbstvernichtung* steigert. Die abstrakten Naturwissenschaftler, subjektiv von den Motiven eines «reinen Erkenntnisstrebens» erfüllt, wirken objektiv in Richtung auf Verkehrung der Prinzipien, unterliegen den Impulsen der Destruktion, wie die Atombombe zeigt. Simon Kraus schreibt im Schlussteil des «Baustoffs der Welt»: «Es liegt uns fern, mit diesen Ausführungen den Eindruck erwecken zu wollen, als wenn es darum ginge, etwa die Naturwissenschaftler mit ihren besonderen Weltvorstellungen zu widerlegen. Es wurde deutlich genug zum Ausdruck gebracht, dass beide so verschiedene Geisteshaltungen mit den entsprechend verschiedenen Weltvorstellungen Ausdruck einer gewichtigeren Zielsetzung der verschiedenen Menschen sind. – Kosmos und Chaos sind niemals aus der Welt zu schaffende Gegenpole, de-

nen unter den Menschen entsprechende Aussagen gegenüber-
stehen.»[230] Dies wird hervorgehoben, um das von Kraus entwickelte spirituelle Weltbild vor rationalen Missverständnissen zu
bewahren.

Kraus vertieft das Problem der Entscheidungsfreiheit (für
den Kosmos oder für das Chaos), indem er konsequent jenen
Weg weitergeht, den Schelling in der Abhandlung *Philosophie
und Religion* eingeschlagen hat. Dies führt ihn zu einer umfassenden philosophischen Grundlegung der Wiederverkörperungslehre. Das Werden des Kosmos wird zum kämpferischen
Sich-Entfalten des Bewusstseins; dies entspricht der Schellingschen Konzeption. Über Schelling hinausgehend sieht Simon
Kraus diesen Bewusstwerdungsprozess in Natur und Geschichte als Funktion der Gesetzesordnung des einzelnen Gestirns.
Das göttliche Gesetz ist identisch mit dem «Plan» der Schöpfung
bzw. mit dem «Bund» , den es zu erfüllen gilt. Das kosmosorien-
tierte Bewusstsein des Philosophen ist das Ergebnis einer langen Kette von Wiederverkörperungen, wobei sich generell die
«vormenschlichen» Bewusstseins- und Seinsstufen in den unte-
ren Reichen verlieren, denen der Mensch entstammt. Erweist
sich der Mensch als unfähig, den kosmischen Plan zu erfüllen
und die «Brücke des Regenbogens» zu beschreiten, wird das
Harmoniegefüge des Gestirns gestört und gefährdet, was zunächst mit durchaus physischer Zerstörung der natürlichen Um-
welt einhergeht. Diese wird gleichsam in den Sturz des Menschen mit hineingezogen. Mit Schelling vertritt Kraus die Ansicht, dass es zu den kosmischen Aufgaben des Menschen gehö-
re, die Natur zu «erlösen». Die Erfüllung des kosmischen Geset-
zes wirkt auf die Natur zurück; die Geschichte der Natur und
diejenige des Menschen sind für Schelling und Kraus stufenmä-

ßig aufeinander bezogen. Aus der Herkunft des Menschen aus dem Tier- und Pflanzenreich resultiert der *magische Zusammenhang* a l l e s Lebendigen.

In der Einführung seines Werkes schreibt Kraus: «Dass die Naturwissenschaftler in der Nachfolge von Newton mit ihrer Art des Denkens zur höchsten Gefährdung des Lebens auf dem Gestirn wurden, offenbart etwas von dem, was wir als ‹Denken des Chaos› bezeichnen können.»[231] Dies entspricht der an anderer Stelle dargelegten Grundhaltung Schellings. Was Simon Kraus von Schelling unterscheidet, ist seine prononciert antichristliche Einstellung. Während sich Schelling bemüht, Bestrebungen der Anthroposophie vorwegnehmend, eine Art «kosmisches Christentum» mit einer gnostisch geprägten Christus-Logos-Lehre zu entwickeln (in der *Philosophie der Offenbarung)*, weist Kraus derartige Bestrebungen schroff zurück, hierin Giordano Bruno und Friedrich Nietzsche näher als Schelling. Die christliche Erlösungs- und Freiheitsvorstellung setzt er mit einer Auflehnung gegen die kosmische Ordnung gleich. – Dieser Differenzen ungeachtet scheint Simon Kraus der einzige Philosoph unserer Zeit zu sein, der die Fragestellungen Schellings auf jenem Erkenntnisniveau weiterführt, das weitgehend verlorengegangen ist. Dies beinhaltet eine metaphysische Vertiefung der Natur- und Geschichtsbetrachtung, der kein ernstzunehmender Lösungsversuch der Seinsfrage ausweichen kann. Das Rätsel der Existenz kann nur in seiner physisch-metaphysischen Ganzheit angegangen werden, in jener Einheit von «Realem» und «Idealem», deren erkenntnistheoretische Grundlegung Schelling geleistet hat. Ein richtig verstandener «Real-Idealismus» im umfassendsten Sinne könnte sich als geeignet erweisen, manche Fehlentwicklung zu korrigieren. Es ist an der Zeit, das denkerische Vermächtnis Schellings aus der historisch-akademischen Sphäre in diejenige der lebendigen und produktiven Realität zu überführen. In Schellings Berliner Antrittsvorlesung vom 15. November 1841 finden sich folgende Sätze: *Lästig, das fühle ich, muß ich wohl zum Teil sein. Man hatte mich untergebracht, ich war konstruiert, man wußte aufs genauste, was an mir war. Nun soll man mit mir von vorn anfangen und einsehen, daß doch etwas in mir gewesen, von dem man nicht wußte.*[232]

Anmerkungen

Die Kursivschreibung ohne Anführungszeichen von Schelling-Zitaten folgt der Erstausgabe in der Reihe rowohlt monographien von 1982.

Genauere Angaben zu der hier nur in Kurzform aufgeführten Titeln müssen der Bibliographie entnommen werden. In den Anmerkungen werden nur jene Werke vollständig zitiert, die in der Bibliographie nicht erscheinen. – Die Abkürzung SW. bezieht sich auf die vierzehnbändige Gesamtausgabe der Werke Schellings (I-XIV) von 1856 bis 1861.

Die Orthographie der Schelling-Zitate wurde behutsam modernisiert, die Interpunktion im wesentlichen beibehalten. Zuweilen wurde der häufig auftauchende Sperrdruck (bei besonderen Heraushebungen Schellings) weggelassen, wenn das Verständnis dadurch nicht beeinträchtigt wird.

1 SW XIII, S. 13
2 Kant, Prolegomena zu einer jeden künftigen Metaphysik. Leipzig 1913. S. 2
3 Nietzsche, Kritische Studienausgabe. München 1980. Bd. 12, S. 3501
4 Nietzsche, a. a. O., S. 351
5 Weizsäcker, Die Einheit der Natur. München 1971. S. 37/381
6 Weizsäcker, a. a. O., S. 187
7 Weizsäcker, a. a. O., S. 288
8 SW XIII, S. 203
9 Wild, Die Selbstkritik des Apriorismus in der Philosophie Schellings. In: Schelling, hg. Baumgartner, S. 128

191

10 Fuhrmans, Schelling im Tübinger Stift Herbst 1790 – Herbst 1795. In: Materialien zu Schelling. S. 53
11 Fuhrmans, a. a. O., S. 58
12 Fischer, Schelling. S. 281/82
13 Fuhrmans, a. a. O., S. 671
14 Fuhrmans, a. a. O., S. 67/681
15 Zit.n.: Materialien S. 69
16 Hegel, zit. n.: Materialien S. 122/231
17 Zit. n.: Materialien S. 72
18 Sandkühler, Schelling, S. 65/66
19 Frank/Kurz, Einleitung zu deo Materialien S. 31
20 Zit. n.: Materialien S. 110
21 Zit. bei Fischer, S. 345
22 Fischer, a. a. O., S. 345
23 Zit. bei Fischer, S. 24
24 Novalis, zit. Bei: Dischner, Carotine. S. 91
25 Zit. n.: Sandkühler, a. a. O., S. 67
26 Fischer, a. a. O., S. 68
27 Sandkühler, a. a. O., S. 68
28 Zit. n.: Fischer, a. a. O., S. 39
29 Zit. n.: Materialien, a. a. O., S. 185
30 Materialien S. 145
31 Materialien S. 148
32 Materialien S.149/50/51
33 SW III, S. 614
34 SW III, S. 619
35 SW III, S. 349
36 SW III, S. 628
37 Beierwaltes, Einleitung zu: Giordano Bruno, Von der Ursache, Hamburg 1977, S. XXXV
38 Zit. n. Fischer, a. a. O., S. 91
39 Sandkühler, a. a. O. S., 39
40 Zit. n.: Fischer, a. a. O., S. 103

41   SW VII, S. 120/21
42   SW VII, S. 433
43   SW XI, S. 491
44   Zit. n.: Fischer, a. a. O., S. 158
45   Fischer, S. 159
46   Fischer, S. 159
47   Fischer, S. 161
48   Fischer, S. 161
49   Fischer, S. 172
50   SW X, S.137
51   SW X, S. 138
52   SW XIII, S. 82
53   Zit. n.: Philosophie der Offenbarung, hg. v. Frank, S. 408
54   Zit. n.: Frank, a. a. O., S. 409
55   Frank, S. 421
56   Frank, S. 451
57   SW VII, S. 103
58   SW X, S. 95
59   SW VII, S. 39
60   SW VII, S. 49
61   SW VII, S. 334
62   Fischer, a. a. O., S. 353
63   SW VII, S. 11
64   SW VII, S. 17
65   SW VII, S. 110
66   SW VII, S. 11
67   SW VII, S. 115
68   SW X, S. 121
69   SW V, S. 321/22
70   SW IV, S. 444
71   SW II, S. 20
72   SW V, S. 320
73   SW III, S. 275

74 SW VII, S. 156
75 SW VII, S. 224
76 SW VII, S. 115
77 SW V, S. 330
78 SW VII, S. 19
79 SW VII, S. 17/18
80 SW VII , S. 109/10
81 In: Schelling, hg. von Baumgartner, S. 13
82 Baumgartner, a. a. O., S. 13
83 SW VII, S. 30
84 SW VII, S. 30/31
85 SW VII, S. 32
86 SW IV, S. 164
87 SW X, S. 94
88 SW V, S. 437
89 SW I, S. 383
90 SW II, S. 561
91 SW VII, S. 350
92 SW VII, S. 356
93 Kant, Prolegomena, S. 501
94 Kant, a. a. O., S. 55
95 Kant, a. a. O., S. 64
96 Kant, Kritik der reinen Vernunft. Leipzig 1878, S. 313
97 Kant, a. a. O., S. 318
98 Kant, Prolegomena, S. 100
99 Kant, Kritik der reinen Vernunft, S. 431
100 SW X, S. 92
101 SW X, S. 92
102 SW VI, S. 137
103 SW I, S. 386/87
104 SW I, S. 388
105 SW II, S. 39
106 SW II, S. 47/48

107 SW III, S. 60
108 SW VI, S. 217
109 SW II, S. 362
110 SW II, S. 348
111 SW III, S. 124
112. SW VI , S. 388-390
113 Kraus, Der Baustoff der Welt, S. 60
114 SW VII , S. 127
115 SW VII , S. 161
116 SW VII , S. 161
117 SW VII, S. 162
118 SW VII, S. 175
119 SW VII, S. 180
120 SW VII, S. 211
121 SW II, S. 362
122 SW VII, S. 52
123 SW III, S. 319
124 SW III, S. 319
125 SW VIII, S. 329
126 SW III, S. 320
127 SW III, S. 283
128 SW III, S. 284
129 SW III, S. 277
130 SW III, S. 288
131 SW III, S. 161
132 SW III, S. 161
133 SW III, S. 181
134 SW III, S. 207
135 SW III, S. 113
136 SW VI, S. 254
137 Baader, Sämtliche Werke, Leipzig 1852, 3. Bd, S. 249
138 Baader , a. a. O., S. 257
139 SW IV, S. 453

140 SW VI, S. 250
141 SW VI, S. 252
142 SW VI, S. 253
143 SW VII, S. 229
144 SW VII, S. 230
145 SW VII, S. 229
146 SW VII, S. 227
147 SW VII, S. 227
148 SW VII, S. 228
149 SW VII, S. 243
150 Sandkühler, a. a. O., S. 74
151 Zit. n. Fischer, a. a. O., S. 431
152 Fischer, a. a. O. S., 431
153 Schopenhauer, Sämtliche Werke, Stuttgart 1894, Bd. 7, S. 291
154 Schopenhauer, Bd.12, S. 285
155 Schopenhauer, Bd.12, S. 287
156 Nietzsche, Jenseits von Gut und Böse, Stuttgart 1953, S. 47/48
157 Kraus, Baustoff. S. 68
158 Kraus, a. a. O., S. 30
159 Kraus , a. a. O., S. 32
160 Kraus, a. a. O., S. 33
161 Kant, Kritik der reinen Vernunft, S. 432
162 Kant, a. a. O., S. 432
163 Kant, a. a. O., S. 442
164 Kant, Grundlegung zur Metaphysik der Sitten, nach: R. Schmidt,
     Die drei Kritiken, Stuttgart 1975, S. 261
165 Kant, a. a. O., S. 265
166 Kant, Kritik der reinen Vernunft, S. 443
167 Kant, a. a. O., S. 443
168 SW VI, S. 551
169 SW VI, S. 553
170 SW VI, S. 540
171 SW VI, S. 541

205   SW IX, S. 32/33
206   SW IX, S. 341
207   SW VIII, S. 249
208   SW VII, S. 383
209   SW VlI, S. 383
210   SW VII, S. 384
211   SW VII, S. 384
212   SW VII, S. 385
213   SW VII, S. 385
214   SW VII, S. 387
215   SW VII, S. 386
216   SW VIII, S. 200
217   SW VIII, S. 207/08
218   SW VII, S. 475
219   SW VII, S. 476
220   SW XII, S. 153/54
221   SW VII, S. 388
222   SW VII, S. 392
223   SW VII, S. 389
224   SW VII, S. 400/01
225   SW VII, S. 403
226   Schopenhauer, Bd. 7, S. 113
227   Schopenhauer, a. a. O., S. 114
228   Schopenhauer, Bd. 12, S. 315
229   Schopenhauer, Bd. 7, S. 205
230   Kraus, Baustoff, S. 69
231   Kraus, a. a. O., S. 18
232   Philosophie der Offenbarung, Paulus-Mitschrift, hrg. von M. Frank, S. 90

Zeittafel

1775	27. Januar: Friedrich Wilhelm Joseph von Schelling in Leonberg (Württemberg) geboren
1790	18. Oktober: Schelling tritt ins Tübinger Stift ein. Freundschaft mit Hölderlin und Hegel. Philosophiestudium an der Tübinger Universität
1792	Im September philosophische Magisterdissertation. Beginn des Studiums der Theologie
1793	*Über Mythen, historische Sagen und Philosopheme der ältesten Welt.* Wahrscheinlich erste Begegnung mit Fichte im Juni
1794	*Über die Möglichkeit einer Form der Philosophie überhaupt.* Herbst: Hölderlin und Hegel verlassen das Tübinger Stift
1795	Abschluss des Theologiestudiums. *Vom Ich als Prinzip der Philosophie oder über das Unbedingte im menschlichen Wissen. Philosophische Briefe über Dogmatismus und Kritizismus*
1796	Als Hofmeister begleitet Schelling die jungen Barone von Riedesel an die Universität Leipzig. Intensive Studien in Mathematik, Naturwissenschaften und Medizin. *Neue Deduktion des Naturrechts*
1797	*Allgemeine Übersicht der neuesten philosophischen Literatur* (= *Abhandlungen zur Erläuterung des Idealismus der Wissenschaftslehre* in der Ausgabe von 1809). *Ideen zu einer Philosophie der Natur*

1798	*Von der Weltseele, eine Hypothese der höheren Physik zur Erklärung des allgemeinen Organismus.* Im Sommer hält sich Schelling für sechs Wochen im Schlegelschen Kreis in Dresden auf. Im Oktober außerordentliche Professur in Jena auf Empfehlung Goethes. In Jena Umgang mit Fichte, Goethe, Schiller, Ritter, G. H. Schubert, Steffens und anderen. Vorlesungen über Naturphilosophie
1799	*Erster Entwurf eines Systems der Naturphilosophie.* Fichte muß Jena wegen des «Atheismusstreites» verlassen. Liebe zwischen Schelling und Caroline Schlegel; F. Schlegel, D. Veit und L. Tieck kommen nach Jena
1800	*System des transzendentalen Idealismus.* Im Frühjahr erste Ausgabe der *Zeitschrift für spekulative Physik.* Auflösung des Jenaer Kreises.]01 Mai verlassen Caroline und Schelling Jena. Medizinische Studien Schellings in Bamberg. Juli: Tod von Auguste Böhmer, der Tochter Carolines. Oktober: Rückkehr Schellings nach Jena
1801	Januar: Hegel kommt nach Jena, enge Zusammenarbeit von Hegel und Schelling. Entfremdung von Fichte. *Darstellung meines Systems der Philosophie*
1802	*Bruno oder über das göttliche und natürliche Prinzip der Dinge. Ein Gespräch, Philosophie der Kunst. Fernere Darstellungen aus dem System der Philosophie.* Erscheinen des mit Hegel herausgegebenen *Kritischen Journals der Philosophie.* – Scharfe Angriffe gegen die Naturphilosophie von Franz Berg und anderen
1803	26. Juni: Heirat mit Caroline Schlegel. Berufung als ordentlicher Professor nach Würzburg. *Vorlesungen über die Methode des akademischen Studiums.* – Weitere Angriffe gegen Schelling

1804   *Philosophie und Religion, System der gesamten Philosophie und der Naturphilosophie insbesondere.* Sich verschärfende Auseinandersetzungen mit den Gegnern seiner Philosophie

1805   Herausgabe der *Jahrbücher der Medizin als Wissenschaft* in Zusammenarbeit mit Marcus

1806   Schelling in München: Mitglied der Akademie der Wissenschaften, bis 1820 keine akademische Lehrtätigkeit. – *Aphorismen über die Naturphilosophie, Darlegung des wahren Verhältnisses der Naturphilosophie zu der verbesserten Fichteschen Lehre,* dadurch öffentlicher Bruch mit Fichte

1807   Hegel polemisiert in der Vorrede der «Phänomenologie des Geistes» gegen Schelling, Trennung der beiden Freunde, *Über das Verhältnis der bildenden Künste zu der Natur:* Rede vor der Akademie der Wissenschaften

1808   Generalsekretär der Akademie der bildenden Künste in München

1809   *Philosophische Untersuchungen über das Wesen der menschlichen Freiheit* in *F. W. J. Schelling's philosophische Schriften* (Landshut 1809), Tod Carolines am 9. September. Existenzkrise

1810   Januar bis Oktober in Stuttgart, dort Privatvorlesungen, Beginn der jahrelangen Arbeit an den *Weltaltern*

1812   Scharfe Auseinandersetzung mit Jacobi: *F. W. J. Schellings Schrift von den göttlichen Dingen etc. des Herrn Friedrich Heinrich Jacobi.* Heirat mit Pauline Gotter am 11. Juni

1813   17. Dezember: Geburt des ersten Sohnes

1820   Im Spätherbst als Honorarprofessor nach Erlangen

1821	4. Januar: Beginn der Vorlesungstätigkeit. Einführung in die Philosophie, Sommer: *Philosophie der Mythologie*
1822	*Zur Geschichte der neueren Philosophie* (Erstfassung, Umarbeitungen in München)
1827	Schelling wird an die Universität München berufen. In den folgenden Jahren liest er neben Philosophiegeschichte über *Philosophie der Mythologie* und *Philosophie der Offenbarung*. Als Vorstand der Akademie der Wissenschaften hält er zweimal jährlich die Eröffnungsreden zu den öffentlichen Sitzungen (bis 1840)
1832	28. März: Akademierede über die Entdeckung der elektromagnetischen Induktion durch Faraday
1835	Lehrer (in Philosophie) des Kronprinzen bis 1840 (des späteren Königs Maximilian II.)
1841	Berufung an die Universität Berlin, um den Einfluss der Hegelianer zurückzudrängen, 15. November: Antrittsvorlesung, Schelling liest über *Philosophie der Mythologie* und *Philosophie der Offenbarung*. Lebhafte öffentliche Diskussion über das Verhältnis Schelling-Hegel
1842	Mitglied der Preußischen Akademie der Wissenschaften
1843	Veröffentlichung der Vorlesungsnachschrift von H. E. G. Paulus (des Kollegs im Wintersemester 1841/42), Schelling geht gerichtlich gegen Paulus vor, doch er verliert den Prozeß
1846	Einstellung der Vorlesungen an der Berliner Universität. Bis 1852 Vorträge vor der Preußischen Akademie der Wissenschaften
1854	Schelling stirbt am 20. August in Bad Ragaz (Schweiz)

Zeugnisse

Georg Wilhelm Friedrich Hegel

«Schelling hat seine philosophische Ausbildung vor dem Publikum gemacht. Die Reihe seiner philosophischen Schriften ist zugleich Geschichte seiner philosophischen Bildung und stellt seine allmähliche Erhebung über das Fichtesche Prinzip und den Kantischen Inhalt dar, mit welchen er anfing; sie enthält nicht eine Folge der ausgearbeiteten Teile der Philosophie nacheinander, sondern eine Folge seiner Bildungsstufen. Wenn nach einer letzten Schrift gefragt wird, worin sich seine Philosophie am bestimmtesten durchgeführt darstellte, so kann man keine solche nennen.»

Aus den «Vorlesungen über die Geschichte der Philosophie»
In: Werke in 20 Bänden. Bd. 20, S. 421 (Frankfurt/a. M. 1971)

Heinrich Heine

«Auf philosophischem Wege konnte also Herr Schelling nicht weiter kommen als Spinoza, da nur unter der Form dieser beiden Attribute, Denken und Ausdehnung, das Absolute zu begreifen ist. Aber Herr Schelling verlässt jetzt den philosophischen Weg und sucht durch eine Art mystischer Intuition zur Anschauung des Absoluten selbst zu gelangen, er sucht es anzuschauen in seinem Mittelpunkt, in seiner Wesenheit, wo es weder etwas Ideales ist noch etwas Reales, weder Gedanken noch Ausdehnung, weder Subjekt noch Objekt, weder Geist noch Materie, sondern ... was weiß ich! Hier hört die Philosophie auf bei Herrn Schelling, und die Poesie, ich will sagen die Narrheit, beginnt. Hier aber auch findet er den meisten Anklang bei einer Menge von Faselhänsen, denen es gerade recht ist, das ruhige Denken aufzugeben.»

«Zur Geschichte der Religion und Philosophie in Deutschland», 1835
In: Sämtliche Werke in 14 Bänden, Bd. IX, S. 277 (München 1964)

Michail Bakunin

«Ihr könnt Euch nicht vorstellen, mit welcher Ungeduld ich die Vorlesungen Schellings erwarte. Im Laufe des Sommers habe ich viel von ihm gelesen und fand darin eine so unermessliche Tiefe des Lebens, des schöpferischen Denkens, dass ich davon überzeugt bin, dass er uns auch jetzt viel Tiefsinniges offenbaren wird.»

Brief vom 3. November 1841 an die Familie,
In: Dokumente zu Schellings erstem Vorlesungszyklus in Berlin,
Anhang III zur Ausgabe von «Philosophie der Offenbarung»
(Paulus-Nachschrift), S. 461 (Frankfurt a. M. 1977)

Karl Marx

«Wie geschickt hat Herr von Schelling die Franzosen zu ködern gewusst, vorerst den schwachen eklektischen Cousin, später selbst den genialischen Leroux. Dem Pierre Leroux und seinesgleichen gilt Schelling nämlich immer noch für der Mann, der an die Stelle des transzendenten Idealismus den vernünftigen Realismus, der an die Stelle des abstrakten Gedankens den Gedanken mit Fleisch und Blut, der an die Stelle der Fachphilosophie die Weltphilosophie gesetzt hat! Den französischen Romantikern und Mystikern ruft er zu: ‹Ich die Vereinigung von Philosophie und Theologie›, den französischen Materialisten: ‹Ich die Vereinigung von Fleisch und Idee›, den französischen Skeptikern: ‹Ich der Zerstörer der Dogmatik›, mit einem Wort: ‹ich ... Schelling!›.

Schelling hat nicht nur die Philosophie und Theologie, er hat die Philosophie und Diplomatie zu vereinigen gewusst. Er hat die Philosophie zur allgemeinen diplomatischen Wissenschaft gemacht, zur Diplomatie für alles ... Schellings Philosophie ist die preußische Politik sub specie philosophiae.»

Aus einem Brief an Ludwig Feuerbach am 3. Oktober 1843,
In: Dokumente zu Schellings erstem Vorlesungszyklus in Berlin,
a. a. O., S. 489/90

Kuno Fischer

«Was Schelling wirklich in seiner Gewalt hatte, das vermochte er aus dem Tiefsten heraus zu gestalten und mit einer bewunderungswürdigen Klarheit bis zu künstlerischer Vollkommenheit darzustellen. In solchen Werken bleibt er als Denker und Schriftsteller ein Meister von dauernder Geltung. Dass er darstellen musste, was er mit allem Genie unmöglich in seiner vollen Gewalt haben konnte, dass er es musste unter dem Antriebe des Zeitalters, das mit der gespanntester Erwartung auf ihn sah, unter den täglich erneuten Forderungen des Katheders, unter der Macht einer großen und unvermeidlichen Aufgabe, die er ergriffen hatte, die ihn mit Zuversicht erfüllte: Darin erkenne ich ebenso viel Tragisches, als ich Schicksal darin finde. Kant wurde bei der Spätreife seines Werks bange um dessen Vollendung; Schelling mochte bei der Frühreife des seinigen zuletzt ähnliche Empfindungen haben, nicht weil ihm die Jahre, sondern weil dem Werke selbst die innere Kraft der Ausreifung fehlte »

«Schellings Leben, Werke und Lehre», 1872,
Bd. 7 der «Geschichte der neuern Philosophie»,
S. 31/32 (4. Aufl. Heidelberg 1923)

Friedrich Nietzsche

«Der Unfug Kants mit ‹Erscheinung›. Und wo er keine Erklärung fand, ein Vermögen anzusetzen! Dieser Vorgang war's, worauf der große Schelling-Schwindel losging.»

Aus dem Nachlaß 1884,
In: Kritische Studienausgabe in 15 Bänden,
Bd. 11, S. 273 (München 1980)

Ricarda Huch

«Schellings Erscheinung, als er in den Kreis der Romantiker trat, wirkte imponierend auf sie, fast verblüffend. Man sah ihm an, dass er sich aufs Herrschen verstand. Er hatte die starken Instinkte, die blinden Zu- und Abneigungen, um die jene den Naturmenschen beneideten. Aber wer durch Instinkte herrscht, kann auch ihr Sklave werden; und darin waren sie ihm überlegen, dass sie dieser Gefahr nicht ausgesetzt waren. Die Geistesfreiheit, die sie schmückte, war nur deswegen nicht die höchste, weil sie die Folge eines Mangels war. Einzig in Novalis erschien sie ganz an Stärke, und das war vielleicht die Ursache, warum Schelling ihn niemals leiden konnte; ihm gegenüber war er wie der Löwe, der unwillig, mit Gebärden verhaltener Wut, vor dem Menschenauge in sich zurückkriecht.»

«Die Romantik. Ausbreitung, Blütezeit und Verfall, 1899-1902»
S. 126/27 (Tübingen 1951)

Karl Jaspers

«Eine Schelling-Darstellung hat die größte Schwierigkeit an der Vieldeutigkeit dieses Mannes, die ihn zugleich so interessant macht ... Ihn zu studieren bedeutet, uns selber besser zu verstehen, weil er uns bleibende Möglichkeiten unseres Zeitalters zeigt: den Übergang von Größe in Gebärde, von Wahrheit in Absurdität, von heller Mitteilung in Magie.»

«Schelling. Größe und Verhängnis», S. 7 (München 1955)

Bibliographie

1. Bibliographien

SCHNEEBERGER, GUIDO:
  Friedrich Wilhelm Joseph von Schelling. Eine Bibliographie,
  Bern 1954
SANDKOHLER, HANS JÖRG:
  Friedrich Wilhelm Joseph Schelling, Stuttgart 1970,
  S. 24-41 (umfasst die Jahre 1954-69)
SCHIECHE, WALTER:
  Bibliographie in: Schelling. Einführung in seine Philosophie,
  hrg. von H. M. BAUMGARTNER, Freiburg i. B.-München 1975,
  S. 178-201

2. Gesamtausgaben

Friedrich Wilhelm Joseph von Schellings sämtliche Werke,
  hrg. v. KARL FRIEDRICH AUGUST SCHELLING, I. Abteilung:
  10 Bände (= I-X), 2. Abteilung: 4 Bände (= XI-XIV). Stuttgart-
  Augsburg (Colta) 1856-61 (Auswahl als Studienausgabe in der
  Wissenschaftlichen Buchgesellschaft, Darmstadt 1974-76)
Schellings Werke. Nach der Originalausgabe in neuer Anordnung,
  hrg. v. MANFRED SCHRÖTER, 6 Hauptbände und 6 Ergänzungs-
  bände. München (C. H. Beck) 1962-71 (Unveränderter Nachdruck
  der Ausgabe von 1927-59)
Schelling, F. W. J.: Historisch-kritische Ausgabe der Schelling-Kommis-
  sion im Auftrag der Bayerischen Akademie der Wissenschaften.
  hrg. von H. M. BAUMGARTNER u. a. [Von der Ausgabe sind bis
  Jahresende 1980 erst drei Bände erschienen. Die Ausgabe ist in

vier Abteilungen gegliedert: I. Werke (davon erschienen Bd. 1-3),
II. Nachlass, III. Briefe von und an Schelling, IV. Nachschriften von
Vorlesungen Schellings durch Hörer.] Stuttgart (Frommann/
Holzboog) 1975f

3. Erstausgaben wichtiger Einzelwerke

Schelling, Friedrich Wilhelm Joseph:

Über die Möglichkeit einer Form der Philosophie überhaupt
  Tübingen (Jakob Friedrich Heerbrandt) 1795
Vom Ich als Princip der Philosophie
  oder über das Unbedingte im menschlichen Wissen
  Tübingen (Jakob Friedrich Heerbrandt) 1795
Ideen zu einer Philosophie der Natur
  Leipzig (Breitkopf und Härtel) 1797
System des transscendentalen Idealismus
  Tübingen (Cotta) 1800
Darstellung meines Systems der Philosophie
  In: Zeitschrift für spekulative Physik, Bd. 2,
  Heft 2 (1801) S. III- XIV, 1-127
Philosophische Untersuchungen über das Wesen der menschlichen
  Freyheit und die damit zusammenhängenden Gegenstände
  In: F. W. J. Schelling, Philosophische Schriften,
  Bd. 1. Landshut (Philipp Krull) 1809, S. 397-511
Die Weltalter. Bruchstück
  (Aus dem handschriftlichen Nachlaß)
  In: Sämmtliche Werke VIII, S. 195-344
Die Weltalter. Fragmente.
  In den Urfassungen von 1811 und 1813
  hrg. v. MANFRED SCHRÖTER, München (C. H. Beck) 1946
  (unveränderter Nachdruck: 1966)

Einleitung in die Philosophie der Mythologie (=Xl). Philosophie der Mythologie(=XII) Philosophie der Offenbarung (=XIII)

4. Neuere Ausgaben wichtiger Einzelwerke

Schelling, Friedrich Wilhelm Joseph:

Über das Wesen der menschlichen Freiheit
Mit Einleitung und Anmerkungen nach der Erstausgabe hrg. von HORST FUHRMANS, Stuttgart (Redam) 1964
Vorlesungen über die Methode des akademischen Studiums
Hamburg (Meiner) 1974 (Phil. Bibl. 275)
Über das Wesen der menschlichen Freiheit
Mit einem Essay von Walter Schulz «Freiheit und Geschichte in Schellings Philosophie», Frankfurt a. M. (Suhrkamp) 1975
Ausgewählte Schriften
Frankfurt a. M. (suhrkamp taschenbuch wissenschaft) 1985
Einleitung in die Philosophie
Münchner Vorlesung aus dem Jahre 1830, hrg. WALTER E. EHRHARDT. Stuttgart-Bad Cannstatt 1990
Urfassung der Philosophie der Offenbarung
hrg. von WALTER E. EHRHARDT, Hamburg 1992
System des transzendentalen Idealismus
Mit einer Einleitung von Walter Schulz, neu hrg. von HORST D. BRANDT und PETER MÜLLER, Hamburg 1992
Schelling. Ausgewählt und vorgestellt von Michaela Boenke
München 1995 (Aus der Reihe «Philosophie jetzt» bei Diederichs)

5. Nachschriften

Schelling, F. W. J.:

Initia philosophiae universae
Erlanger Vorlesung WS 1820/21,
hrg. v. HORST FUHRMANS, Bonn 1969
Grundlegung der positiven Philosophie
Münchner Vorlesung WS 1832/33 und SS 1833, Bd. I
hrg. v. HORST FUHRMANS. Torino 1972
(Enthält die Nachschrift von G. Helmes)
Philosophie der Offenbarung 1841/42
hrg. von MANFRED FRANK (Paulus-Nachschrift).
Zusätzlich Auszüge aus anderen Vorlesungsnachschriften,
u. a. von Julius Frauenstädt. Frankfurt a. M. 1977

6. Briefe

PLITT, GUSTAV LEOPOLD: Aus Schellings Leben. In Briefen
3 Bde. (Plitt I-III). Leipzig 1869-70
HORST FUHRMANS: F. W. J. Schelling. Briefe und Dokumente
Bd. 1: 1775-1809, Bd. 2: Zusatzband 1775-1803, Bonn 1962/73
GEORG DAMMKÖHLER: Schellings Briefwechsel mit Niethammer vor
seiner Berufung nach Jena
(=Hegel-Archiv, Bd. II, Heft 1) Leipzig 1913
WALTER SCHULZ: Fichte-Schelling Briefwechsel
Frankfurt a. M. 1968
HORST FUHRMANS und LISELOTTE LOHRER: Schelling und Cotta
Briefwechsel 1803-1849, Stuttgart 1965

LUDWIG TROST und FRIEDRICH LEIST: König Maximilian II. von
Bayern und Schelling
Briefwechsel, Stuttgart 1890

7. Zur Biographie Schellings

DISCHNER, GISELA: Caroline und der Jenaer Kreis. Ein Leben
zwischen bürgerlicher Vereinzelung und romantischer Geselligkeit
Berlin 1979
FRANK, MANFRED (Hg.): Historische Hintergründe der Berufung
Schellings. Schellings Auftreten in Berlin 1841
*Dokumente zu Schellings erstem Vorlesungszyklus in Berlin, Anhang
II u. III zur Paulus-Nachschrift der Philosophie der Offenbarung,
a. a. O., S. 391-503*
SANDKÜHLER, HANS JÖRG: Schellings Leben
In: Friedrich Wilhelm Joseph Schelling, a. a. O., S. 62-81
TILLIETTE, XAVIER (Hg.): Schelling im Spiegel seiner Zeitgenossen
Torino 1974

Auch in den Briefausgaben sowie in den Gesamtdarstellungen finden
sich biographische Angaben zu Schelling.

8. Gesamtdarstellungen und Werkeinführungen

BAUMGARTNER, HANS MICHAEL (Hrg.):
Schelling. Einführung in seine Philosophie.
Freiburg i. B.-München 1975
DIETZSCH , STEHEN:
Friedrich Wilhelm Joseph Schelling.
Köln 1978

FISCHER, KUND:
    Schellings Leben, Werke und Lehre
    (=Geschichte der neuern Philosophie, Bd. 7)
    4. Aufl., Heidelberg 1923
FRANK, MANFRED:
    Eine Einführung in Schellings Philosophie.
    Frankfurt am Main 1985
GULYGA, ARSENIJ:
    Schelling. Leben und Werk
    Stuttgart 1989
HARTMANN, EDUARD VON:
    Schelling's philosophisches System
    Leipzig 1897
HARTMANN, NICOLAI:
    Die Philosophie des deutschen Idealismus
    Berlin-New York 1974
JASPERS, KARL:
    Schelling. Größe und Verhängnis
    München 1955
TILLIETTE, XAVIER:
    Schelling. Une philosophie en devenir, 2 Bde.
    Paris 1970
ZELTNER, HERMANN:
    Schelling
    Stuttgart 1954

9. Zu einzelnen Problemen und Fragestellungen

ALLWOHN, ADOLF: Der Mythos bei Schelling (=Kant-Studien,
    Ergänzungsheft 61), Charlottenburg 1927
BALTHASAR, HANS URS VON: Prometheus. Studien zur Geschichte des
    deutschen Idealismus, Heidelberg 1947

BARTH, BERNHARD: Schellings Philosophie der Kunst
Göttliche Imagination und ästhetische Einbildungskraft,
Freiburg/München 1991

BERGMANN, HELGA [u. a.]: Dialektik und Systemdenken
Historische Aspekte: Nikolaus von Kues, franz. Aufklärung,
Schelling (Schriften zur Philosophie und ihrer Geschichte)
Berlin 1978

BRACKEN, JOSEPH A.: Freiheit und Kausalität bei Schelling
Freiburg i. B.-München 1972

CORETH, EMERICH: Schellings Weg zu den Weltaltern.
Ein problemgeschichtlicher Durchblick
In: Bijdragen, Tijdschrift voor Filosofie en Theologie 20 (1959),
S. 398-410

DIETZSCH, STEFFEN (Hrg.): Natur, Kunst, Mythos. Beiträge zur
Philosophie F. W. J. Schellings (Schriften zur Philosophie und ihrer
Geschichte), Berlin 1978

DURNER, MANFREO: Wissen und Geschichte bei Schelling.
Eine Interpretation der ersten Erlanger Vorlesung (Epimeleia, 31),
München 1979

FRANK, MANFRED: Der unendliche Mangel an Sein: Schellings Hegel-
Kritik und die Anfänge der Marxschen Dialektik, München 1992

GENT, WERNER: Die Kategorien des Raumes und der Zeit bei
F. W. J. Schelling, in: Zeitschrift für philosophische Forschung 8
(1954), S. 353-377

HABERMAS, JÜRGEN: Das Absolute und die Geschichte. Von der
Zwiespältigkeit in Schellings Denken. [Diss.] Bonn 1954

HABLÜTZEL, RUDOLF: Dialektik und Einbildungskraft.
F. W. J. Schellings Lehre von der menschlichen Erkenntnis.
Basel 1954

HAYM, RUDOLF: Die romantische Schule. Ein Beitrag zur Geschichte
des deutschen Geistes. Berlin 1870 - Nachdruck: Wissenschaftliche
Buchgesellschaft. Darmstadt 1972

HAYNER, PAUL COLLINS: Reason and Existence. Schelling's philosophy
    of history, Leiden 1967
HERMANNI, FRIEDRICH: Die letzte Entlastung. Vollendung und
    Scheitern des abendländischen Theodizeeproblems in Schellings
    Philosophie, Wien 1994
HOLZ, HARALD: Spekulation und Faktizität. Zum Freiheitsbegriff des
    mittleren und späten Schelling, Bonn 1970
JACOBS, WILHELM: Gottesbegriff und Geschichtsphilosophie in der
    Sicht Schellings, Stuttgart-Bad Cannstatt 1993
JÄHNIG, DIETER: Philosophie und Weltgeschichte bei Schelling
    In: Studia philosophica. Jahrbuch der Schweizerischen Gesellschaft
    30/31 (1970/71), S. 126-166
KNITTERMEYER, HINRICH: Schelling und die romantische Schule
    München 1929
PLATENIUS, OTTO: Schellings Fortführung der Lehre Kants vom Bösen
    Ein Beitrag zur Religionsphilosophie des deutschen Idealismus,
    [Diss.] Hilchenbach 1928
PORTMANN, STEPHAN: Das Böse – die Ohnmacht der Vernunft
    Das Böse und die Erlösung als Grundprobleme in Schellings
    philosophischer Entwicklung, Meisenheim am Glan 1966
SCHMIDT, FRIEDRICH W.: Zum Begriff der Negativität bei Schelling
    und Hegel, Stuttgart 1971
TILLICH, PAUL: Mystik und Schuldbewußtsein in Schellings
    philosophischer Entwicklung. [Diss.] 1912
    In: Frühe Hauptwerke, Gesammelte Werke Bd.1, Stuttgart 1959
WILD, CHRISTOPH: Reflexion und Erfahrung. Eine Interpretation der
    Früh- und Spätphilosophie Schellings
    Freiburg i. B.-München 1968

10. Zu einzelnen Phasen der Schellingschen Philosophie

a) Frühphase: Transzendental-, Natur- und Identitätsphilosophie

BOENKE, MICHAELA: Transformation des Realitätsbegriffs
Untersuchungen zur frühen Philosophie Schellings im Ausgang von
Kant, Stuttgart-Bad Cannstatt 1990

FRANK, MANFRED, und GERHARD KURZ (Hrg.): Materialien zu
Schellings philosophischen Anfängen, Frankfurt a. M. 1975

GRÜN, KLAUS-JORGEN: Das Erwachen der Materie. Studie über die
spinozistischen Gehalte der Naturphilosophie Schellings,
Hildesheim/Zürich/New York 1993

HARTKOPF, WERNER: Studien zur Entwicklung der modernen
Dialektik. Die Dialektik in Schellings Ansätzen zu einer
Naturphilosophie, Meisenheim am Glan 1972

HEUSER-KESSLER, MARIE- LUISE: Die Produktivität der Natur.
Schellings Naturphilosophie und das neue Paradigma der
Selbstorganisation in den Naturwissenschaften, Berlin 1986

HOLZ, HARALD: Die Struktur der Dialektik in den Frühschriften von
Fichte und Schelling
In: Archiv für die Geschichte der Philosophie 52 (1970), S. 71-90
Die Beziehungen zwischen Schellings «Naturphilosophie» und dem
Identitätssystem in den Jahren 1801102,
In: Philosophisches Jahrbuch 78 (1971), S. 260-294

JÄHNIG, DIETER: Schelling. Die Kunst in der Philosophie. Bd. 1:
Schellings Begründung von Natur und Geschichte, Bd. 2: Die
Wahrheitsfunktion der Kunst, Pfullingen 1966/69

MUTSCHLER, HANS-DIETER: Spekulative und empirische Physik.
Aktualität und Grenzen der Naturphilosophie Schellings
Stuttgart/Berlin/Köln 1990

SCHULZ, WALTER: Einleitung in das System des transzendentalen
Idealismus
Hamburg 1962 (a. a. O.)

WIELAND, WOLFGANG: Die Anfänge der Philosophie Schellings und
die Frage nach der Natur
In: FRANK/KURZ, Materialien, S. 237-279

**b) Mittlere und späte Phase: Freiheitsschrift, Weltalter, Philosophie
der Mythologie und Philosophie der Offenbarung**

BUCHHEIM, THOMAS: Eins von Allem. Die Selbstbescheidung des
Idealismus in Schellings Spätphilosophie, Hamburg 1992
DEKKER, GERBRAND: Die Rückwendungzum Mythos. Schellings letzte
Wandlung, München-Berlin 1930
DEMPF, ALOIS: Weltordnung und Heilsgeschichte, Einsiedeln 1958
FUHRMANS, HORST: Schellings Philosophie der Weltalter. Schellings
Philosophie in den Jahren 1806-1821. Zum Problem des
Schellingschen Theismus, Düsseldorf 1954
Schellings letzte Philosophie. Die negative und die positive
Philosophie im Einsatz des Spätidealismus, Berlin 1940
Der Ausgangspunkt der Schellingschen Spätphilosophie
(Dokumente zur Schellingforschung)
In: Kant-Studien 48 (1956/57), S. 302-323
HEIDEGGER, MARTIN: Schellings Abhandlung. Über das Wesen der
menschlichen Freiheit (1809), hrg. v. HILDEGARD FEICK
Tübingen 1971
KASPER, WALTER: Das Absolute in der Geschichte. Philosophie und
Theologie der Geschichte in der Spätphilosophie Schellings
Mainz 1965
SCHULZ, WALTER: Die Vollerdung des deutschen Idealismus in der
Spätphilosophie Schellings, Stuttgart-Köln 1955
VOLKMANN-SCHLUCK, KARL-HEINZ: Mythos und Logos
Interpretation zu Schellings Philosophie der Mythologie
Berlin 1969
WIELAND, WOLFGANG: Schellings Lehre von der Zeit. Grundlagen und
Voraussetzungen der Weltalterphilosophie, Heidelberg 1956

WÜSTEHUBE, AXEL: Das Denken aus dem Grund. Zur Bedeutung der
    Spätphilosophie Schellings für die Ontologie Ernst Blochs
    Würzburg 1989

11. Zur geistesgeschichtlichen Einordnung und Bewertung (einschließlich philosophischer Schriften mit wichtigen Beiträgen zu Schelling)

BEIERWALTES, WERNER: Platonismus und Idealismus
    Frankfurt a. M. 1972
BENZ, ERNST: Schelling. Werden und Wirken seines Denkens
    Zürich 1955
BENZ, RICHARD: Die deutsche Romantik. Geschichte einer geistigen
    Bewegung, Stuttgart 1956
BLOCH, ERNST: Das Prinzip Hoffnung, 3 Bde., Frankfurt a. M. 1959
    Das Materialismusproblem, seine Geschichte und Substanz
    Frankfurt a. M. 1972
DISCHNER, GISELA, und RICHARD FABER (Hrg.): Romantische Utopie
    – Utopische Romantik, Hildesheim 1979
HORN, FRIEDEMANN: Schelling und Swedenborg. Ein Beitrag zur
    Problemgeschichte des deutschen Idealismus und zur Geschichte
    Swedenborgs in Deutschland nebst einem Anhang über K. C. F.
    Krause und Swedenborg, Zürich 1954
HUCH, RICARDA: Die Romantik. Ausbreitung. Blütezeit und Verfall
    1899/1902, Tübingen 1951
KIRCHHOFF, JOCHEN: Zum Problem der Erkenntnis bei Nietzsche
    In: Nietzsche-Studien Bd. 6, Berlin-New York 1977, S. 16-44
    Giordano Bruno in Selbstzeugnissen und Bilddokumenten
    Reinbek 1980 (=rowohlts monographien. 285)
    Was die Erde will. Mensch - Kosmos – Tiefenökologie
    Bergisch Gladbach 1998
    Räume, Dimensionen, Weltmodelle. Impulse für eine andere
    Naturwissenschaft, München 1999 (Diederichs New Science)

KRAUSE, HELMUT FRIEDRICH: Der Baustoff der Welt. Von den
   bewohnten Gestirnen und der Ursache der Gravitation
   Berlin 1991
LEESE, KURT: Von Jakob Böhme zu Schelling. Zur Metaphysik des
   Gottesproblems, Erfurt 1927
LUKÂCS, GEORG: Die Zerstörung der Vernunft (= Werke Bd.9)
   Neuwied a. Rh.-Berlin 1962
LÜTGERT, WILHELM: Die Religion des deutschen Idealismus und ihr
   Ende, 3 Bde., Hildesheim 1967 [Nachdruck der Ausgabe Gütersloh
   1923, 1925]
TILLICH, PAUL: Schelling und die Anfänge des existentialistischen
   Protestes
   In: Zeitschrift für philosophische Forschung 9 (1955), S.197-208
WILBER, KEN: Eros, Kosmos, Logos
   Frankfurt am Main 1996

Über den Autor

Jochen Kirchhoff, geb. 1944, lebt und arbeitet in Berlin. Er hat in den 1990er und Anfang der 2000er Jahre etwa 150 Vorlesungen zu naturphilosophischen Themen gehalten, von denen einige hier als Transkript abgedruckt sind. Bisher ist nur ein Teil der Vorlesungen als Podcast und Transkript veröffentlicht. Über 400 öffentliche Vorträge zu naturphilosophischen und gesellschaftlich relevanten Themen hat er zudem seit 1980 gehalten. Zahlreiche durchgeführte Seminare u. a. zu geomantischen Themen und zur ganzheitlichen Rezipierung von  klassischer Musik runden seine Lehrtätigkeit ab. Auf seinem Youtube-Kanal sind desweiteren philosophische Gespräche veröffentlicht, die auch auf zeitgeschichtliche Phänomen aus philosophischer Sicht eingehen. Sein schriftstellerisches Werk umfasst bisher seine naturphilosophische Tetralogie, Arbeiten zur Philosophie der Musik, Monografien, Beiträge in Zeitschriften und Schriftum zur Bewahrung, Aufarbeitung und schöpferischenPflege des philosophischen Werkes von Helmut Friedrich Krause. Jochen Kirchhoff ist ausgewiesener Kenner des Werkes von Giordano Bruno, Friedrich Wilhelm Schelling, Novalis, Friedrich Nietzsche, Arthur Schopenhauer und Helmut Friedrich Krause u. v. a. Er beteiligt sich regelmäßig mit Essays und Interviews am gesellschaftlichen Diskurs zu zeitgeschichtlichen Phänomenen und grundlegenden Fragen zur Bewältigung der Bewusstseinskrise der Menschheit aus philosophischer Sicht.

Weiterführende Literatur

aus der Reihe Philosophische Monographien:

Giordano Bruno (2024)
ISBN 978-3-7597-2904-0

Übersicht
der in der **edition** *dionysos* herausgegebenen Schriften:

www.edition-dionysos.de